從制度看中國政府公信力
：邏輯、評價與提升

檀秀俠 編著

崧燁文化

中文摘要

　　首先，本著作從一般信任關係建立的條件和邏輯入手，指出正是制度本身所具有的正當邏輯使得制度在政府公信力的形成與消長中發揮著根本性的作用。在此基礎上，構建了政府公信力與制度屬性、制度架構和制度績效的關係模型，分析了政府公信力、政府角色或職能轉變、制度變遷（創新）三者之間的聯繫，為本項研究奠定理論基礎。其次，初步構建了評價政府公信力的制度指標體系，並對政府公信力現狀進行評價。最後，探討了提升政府公信力的制度路徑。

Abstract

At present，China is undergoing an unprecedented reform practice.As one kind of capacity and resource，the public trust in government is inevitably washed by the tides of reform repeatedly：running away or reshaped.The key lies in whether our reform improved the characteristics and structure of the public institutions，and whether provided a solid and long-term institutional basis for the establishment，continuation，and promotion of the public trust in government.

First，from the perspective of conditions and logic that trust relationship es-tablished，points out that it is the logic of appropriateness the institutions itself has that makes the institutions play a fundamental role in the formation and growth of the public trust in government.On this bases，builds the relation mod-el of public trust in government and institutional characteristics，structure and performance，analyzes the connections among public trust in government，govern-ment role or function change，and institutional changes （innovations），lays the theoretical basis for the study.Second，establishes the preliminary evaluation system of public trust in government，and evaluates its status in our country-Fi-nally，provides advice on the institutions construction and innovation to enhance the ability of Chinese government gain public trust.

緒論

▌一、研究意義

政府公信力普遍下降嚴重阻礙了民主制度的有效運轉，制約了政府公共政策的制定、執行與改革的順利進行，削弱了政府公共服務的質量，影響了社會福利的增加、經濟增長以及社會穩定，使整個社會的信任水平受到衝擊，總體上降低了政府績效，使政府的「合法性」飽受質疑，面臨危機。

制度在政府公信力的形成、延續與增長中起著基礎性的作用。這雖然已成為眾多學者的共識，但如何在理論上闡釋關於制度與公信力之間的因果關係，構建繫統的基礎理論體系；如何從制度層面評估政府公信力；如何透過制度建設提升政府公信力，等等；學者們對這些問題的研究尚不充分且眾說紛紜。

中國政府有著獨具特色的歷史制度背景，面臨著艱巨的發展任務，經歷著前所未有的改革實踐，政府公信力作為政府贏得公眾信任的能力與資源，不可避免地在改革大潮中被反覆沖刷，它或隨潮水奔流而逝，或在潮流激盪中進退和重塑，這其中的關鍵在於我們的改革是否改善了公共製度的品質和架構，為政府公信力的建立、延續和提升提供堅實而長效的制度基礎。提升政府公信力的制度路徑研究，對中國政府的改革和發展實踐而言尤具意義。

▌二、中國外研究綜述

（一）國外研究現狀及述評

嚴格地講，國外並沒有「政府公信力」的概念，與之相關的概念是政府公信，即 public trust in government 或 public confidence in government。國外學者很少直接研究「制度」與「政府公信」，其之間的關係，更多的是將「政府公信」作為「普遍信任」（generalized trust，或 social trust）的一個組成部分或決定性因素將之與「制度」聯繫起來。一般

地，國外學者將「信任」分為特殊信任（particularized trust）和普遍信任（generalized trust）兩種：特殊信任產生於面對面的人際交往，而普遍信任是當一個共同體共享一套道德價值，這套道德價值能夠產生對成員的通常行為和誠實行為的一般預期時，信任關係向陌生人的延伸。自 Putnman[1] 將信任定義為一種重要的社會資本之後，國外學者對「普遍信任」和「政府公信」的研究也經常沿襲「社會資本」這一分析路徑。西方眾多學者的研究表明，制度品質與普遍信任之間存在著關聯性。這些學者認為，公共製度的三種屬性影響普遍信任的產生：公平與效率、普遍性以及權力分享能力。Farrell 和 Knight[2]，Lei[3] 認為，制度的公平與效率強調政府監督和懲罰機制，高品質的制度能夠透過減少相關行動者的不確定性使信任普及到其他人。而制度腐敗則為普遍信任定立了基調。普遍性是指國家透過政治制度向公民提供普遍的社會服務。政治制度的權力分享能力，關注促進政治民主和政治整合的制度，強調平等權利以及對政治決策程序的參與。BoRotlistein 和 DietlindStolle[4] 分析了制度的屬性和不同制度與普遍信任之間的關係，試圖構建普遍信任的制度理論。從制度的屬性來講，制度的公平與效率影響政府公信力，進而影響普遍信任。制度屬性與普遍信任之間存在四種不同的因果機制。

（1）制度的公平與效率影響個人的安全觀。

（2）制度決定著個人的論斷從那些負責保護公共利益的人向社會其他人進行推演。如果身處那些責任職位的人是不可信的，那麼大多數人也不可信。

（3）制度塑造了人們的從眾行為。

（4）當人們直接接觸制度時，會形成對制度的積極的或消極的體驗。腐敗和不公正的制度會使人遭受偏見和不公正對待。其對普遍信任產生消極的影響。從制度的構成來講，政治制度包括代表性方面的制度，如政黨、議會、內閣等；還包括負責執行公共政策方面的制度，如立法和行政部門等。對這兩類制度的信任雖都是對政府的信任，然而其對「普遍信任」的影響卻不同。在政府公信（或政府信任）這一共同的標籤下，對不同制度的信任之間的區別就被瓦解了。對由政治家控制的制度的信任基礎是政黨制度；對公務員、

法官、警察、社會服務機構的信任源於他們的公正無私；對法院、警察、其他立法機構這樣的秩序制度的信任源於他們要有效地懲罰違信行為。

關於從制度角度對政府公信水平進行評估，國外學者也很少有直接的研究。與此相關聯的間接研究有兩個方面：

（1）從制度角度對普遍信任的評估。Bo Rothstein 和 Dietlind Stolle 從制度屬性的角度對普遍信任進行了評估。在對制度效率的測量方面，他們採用了世界銀行的做法。世界銀行 1996 年將政府效率作為制度效率的一個重要評價指標。政府效率的評價包括公務員的競爭力、行政服務相對於政治壓力的獨立性、政府執行政策的可靠性等。在對制度公平性的測量方面，主要採用來自 IRIS 的數據對法院、行政部門的公平性以及腐敗程度等進行評估。另外還加入了反映經濟公平程度的吉尼係數等因素的考量。Blaine G.Robbin[5] 基於對三種制度品質與普遍信任的關係的研究，認為公平和效率這一制度品質與普遍信任有著更大的關聯性，對公平和效率的測量可以用法定財產權、法治和腐敗三個指標。

（2）對公共機構的信任評估。對公共機構的信任有兩種形式：一種是基於社會身份的信任，當公共機構代表一定身份的群體的利益和價值的時候，公共機構就會被信任；另一種是基於績效的信任，當人們對機構所達到的成就感到滿意時，他就會信任這一機構。Marco Marozzi[6] 構建了對公共機構信任的綜合指標體系，並對德國、法國、英國三個歐盟國家的公共機構的信任進行了評估，指標包括七個變量：對議會的信任、對立法體系的信任、對警察的信任、對政治家的信任、對政黨的信任、對歐盟議會的信任、對聯合國的信任。鑒於整體的對公共機構的信任水平與對不同公共機構的信任水平之間存在的依賴程度的不同，Marozzi 進一步採用方法分析出哪個機構在決定公共信任的水平上起著最重要的或最不重要的作用，這有助於政府弄清應該在哪個機構投入更多行動和資源以監督和研究其公共信任水平，有助於決定為了提升其公共信任水平應該對哪個機構進行改革，或者將資金投向哪項旨在提升信任的交流運動。他的評估結果表明，對政治家以及政黨的信任在很大程度上決定了公共機構的公共信任水平。

關於提升政府公信的制度性建議方面。Rolef 提出，西方國家的議會應該在訊息和教育活動上增加投入，以提高其代表性，比如分髮指南，組織參觀議會大樓，健全網站，改善電子政務等 [7]。OECD 指出，政府應該鼓勵公民參與決策，回應公民的訴求，提高透明性。[8]Wallace 和 Latcheva 認為，制止公共機構對黑色經濟的參與是提升其公信的關鍵。[9]Stevensn 和 Wolfers 則認為對公共機構的信任與宏觀經濟狀況和失業率直接相關。[10] RobertB.Denhardt 從更具倫理意義的角度指出，要提升政府公信力，應該提升政府的公正和回應能力。[11] 公共官員要誠實正直，要忠於倫理立法。要回應公民的需求，將公民的利益放在第一位。

（二）中國研究現狀與述評

中國學者對政府公信力的研究尚處於起始階段，大多集中在政府公信力的概念分析、來源 " 影響因素、評價標準以及如何提升等幾個方面。首先，關於政府公信力的概念。中國學者主要存在兩類定義方式，一是從公眾角度出發，例如，鄒東昇認為政府公信力既包括民眾對政府整體形象的認識和態度，也體現為民眾對政府行政的理解和支持。[12] 另外，劉達禹 [13]，呂維霞、王永貴 [14]；等也都從這一角度進行了闡釋。二是從政府角度出發，將其作為政府的一種能力或資源。如張旭霞 [15] 認為，現代意義上的政府公信力，是指政府履行自己的責任和義務，信守對公眾的承諾，從而獲得公眾內心上對政府的運作方式、政府行政人員的行政行為以及與政府行為相關的整個社會制度的理解和信任。唐鐵漢 [16]、楊暢 [17] 也從政府角度進行了研究。其次，關於政府公信力的評估。何顯明 [18] 認為，評判政府公信力的標準在很大程度上取決於政府所擁有的信用資源的豐富程度，這種信用資源既包括意識形態上的、物質上的，也包括政府及其工作人員在公民心目中的具體形象。舒小慶 [19] 提出要從五個方面評估政府公信力：政府行為的法治化程度、政府政策的規範程度、政府民主化程度、政府官員的道德感與廉潔程度、政府工作的公開度。陳潮升 [20] 提出政府公信力的評價涉及政府依法行政的程度、政府的民主化程度、公共政策的科學性和可行性、政府服務的程度、公務員的道德水平、政府的國際形象和政治地位等方面。薄貴利 [21] 提出了政府公信力的十大

標準：人道、民主、法治、科學、廉潔、文明、服務、效能、改革和創新。最後，關於制度與政府公信力的提升。向永紅、吳迪 [22] 從新制度主義的角度對政府公信力進行了研究，指出制度創新是提升政府公信力的動力。王策 [23] 提出應該建立和完善行政聽證制度、政府訊息公開制度、行政信賴保護制度、行政執法責任制度等。薄貴利 [24] 提出要加強政府績效評估，完善行政問責制度。武曉峰 [25] 認為提高政府公信力需要設計一整套制度體系和政策框架，為規範政府行為、引導社會公眾以及溝通政府與公眾並建立他們之間良好的信任關係奠定基礎。要將行政聽證、訊息公開、行政責任等基本行政制度，民意表達機制、訊息收集—反饋機制等資信制度，危機處理與協調機制等危機管理制度，納入政府公信力研究的範圍。楊暢 [26] 則提出，政府績效評估和政府公信力建設在價值取向和理論邏輯上是契合的，因此要用政府績效評估建設來推動政府公信力的提升。

總的來說，首先，國外的相關研究並未直接將政府公信力放在核心位置、從制度的角度進行分析闡釋。要麼分析制度與普遍信任的關係，要麼分析對公共機構的信任，這樣的研究存在眾多不足：

（1）對政府公信的概念界定模糊，沒有釐清制度、政府公信、普遍信任三者的關係；

（2）關於制度與政府公信力之間的因果關係缺乏探討和闡釋，沒有形成繫統的基礎理論體系；

（3）政府公信力評估方面的直接研究較少，評估標準的選擇缺乏更為可靠的依據，且不同研究者提出的標準之間差異較大，缺乏統一性。

其次，綜觀中國的研究現狀，雖研究視角與內容漸趨豐富，呈現出生機和活力，但仍然存在與國外研究類似的缺陷。除此之外，還存在如下問題：

（1）研究內容龐雜，缺乏繫統性和邏輯性，缺乏基礎理論的構建；

（2）對中國政府公信力的評估標準，在繫統性、可靠性、適用性、操作性上尤為欠缺，亟待進一步研究；

（3）從制度角度如何提升政府公信力，尚待進一步分析和探索。

最後，鑒於中國有著不同於其他國家的政治制度、歷史制度背景以及制度變遷的軌跡，其在政府公信力的理論解釋、評估標準、提升路徑方面必定有著獨特之處，這一點需要做更為深入的比較。

三、創新之處

分析視角的創新。從制度角度對政府公信力進行研究，探尋二者之間的內在邏輯關係，構建政府公信力評估的制度標準以及指標，找出提升政府公信力的可行的制度方案。

分析框架的創新。政府公信力受到制度屬性、制度架構、制度績效等方面的影響。制度屬性體現的是政府理念以及制度的價值追求，從道德和文化等深層次影響政府公信力；制度架構體現的是政府的職能範圍和行政內容，在政府的實踐過程中影響政府公信力；制度績效體現的是政府的行政成就和能力，從行政結果的實現上影響政府公信力。本項研究嘗試構建價值-架構-績效三位一體的制度分析框架，對政府公信力進行理論闡釋、評估，並提出政策建議。

分析結果的創新。從制度價值、制度架構、制度績效三個層次，闡釋制度與政府公信力之間的內在聯繫，提供政府公信力的制度理論基礎；構建政府公信力評估的制度指標體系，對中國的政府公信力水平進行初步評價；尋找導致政府公信力流失的制度因素，探索透過制度建設或創新來提升中國政府公信力的途徑。

四、項目研究方案

（一）研究目標

以制度價值、制度架構、制度績效與政府公信力的關係為切入點，探索制度與政府公信力之間的內在邏輯關係，嘗試構建關於政府公信力的制度理論；從制度角度設計政府公信力評估指標體系，對中國的政府公信力現狀進行評估；提出提升中國政府公信力的制度建設方案及措施。

（二）研究內容

1. 政府公信力的制度分析理論的構建

中國外現有的對政府公信力與制度的關係的研究，呈現出不同的闡釋角度和分析模式，包括研究制度屬性、制度架構、制度績效與普遍信任（包括政府公信力）的關係各自論證，然而實際上它們之間並不是孤立的，任何一個都不足以全面闡釋政府公信力的來源與變化問題。從制度價值 - 架構 - 績效三個維度可以較全面地認識制度與政府公信力的關係，建立起理論分析的基礎，為政府公信力的評估和提升提供依據和解決方案。

2. 制度維度下政府公信力的評估標準選擇

從制度的價值角度，制度對公平和效率、普惠、民主等價值的追求，影響著政府公信力的強弱；對應上述價值追求，要有相應的制度內容架構，如基本公共服務制度、民主參與制度、行政問責制度等，它們的具體架構和運行影響著政府公信力的流失與增加；任何制度不能只具其形，其在運行後，要產生一定的績效，公眾對制度績效的評價以及滿意度影響政府公信力。對於制度價值、架構、績效都存在一定的標準和指標，共同構成了評估政府公信力的制度指標體系。

3. 制度與中國政府公信力的現狀

從比較的角度，探尋影響中國政府公信力的制度背景因素以及影響政府公信力的特殊制度安排，確定符合中國製度環境的政府公信力評估標準；從歷史變遷的角度，探討制度變遷對政府公信力的影響，分析制度執行力的影響因素，定位中國當下政府職能與公信力的發展階段；根據政府公信力的制度評價標準，評價中國當下的制度屬性和建構狀況，衡量政府公信力水平。

4. 提升中國政府公信力的制度路徑

從制度的公平性、民主性、執行效率、責任性等方面出發，檢視中國當下主要行政制度的建構情況，有針對性地加以完善；強化制度績效的測量與管理，提高制度績效，提升政府公信力。

（三）研究方法

1. 注重制度分析範式的應用。本項研究選擇政治學的主流分析範式制度分析法，力圖從制度價值、架構與績效三個維度，對政府公信力的影響因素做出較為全面的分析，探索從制度角度對政府公信力進行理論闡釋。

2. 注重比較分析的應用，充分借鑑國外經驗，突出本土特色。在與國外政府公信力研究的比較中，尋找制度與政府公信力之間的普遍因果關係；並探尋影響中國政府公信力的特殊制度背景因素以及特殊制度安排，確定符合中國製度環境的政府公信力評估標準；提出更有針對性的制度建議。

3. 注重歷史資料收集，探尋制度變遷與政府公信力變化的相互聯繫。制度變遷有著自己的軌跡，制度變遷要與其所在的社會背景，包括政治、文化、經濟等環境相適應，要避免陷入「自我鎖定」和斷裂狀態。與此相一致，政府公信力也會隨著制度變遷，造成持續的流失甚或消亡。要跳出這種惡性循環，使制度的良性發展帶動政府公信力的持續提升，需要注意對歷史經驗的考察，避免錯誤的重現。

註釋

[1] Putnam，R.Making democracy work：Civic traditions in modem Italy.Princeton，NJ：Princeton University Press，1993.

[2] Farrell，H.，&Knight，J.Trust，institutions，and institutional change：Industrial districts and the social capital hypothesis.Politics and Society，2003（31）：537-566.

[3] Levi，M.A state of trust.InV.Braithwaite&M.Levi（Eds.），Trust and governance.New York：Russell Sage Foundation.1998.

[4] Rothstein，B.&Stolle，D.How political institutions create and destroy social capital：An institu-tional theory of generalized trust.Comparative Politics，2008，40（4），441-459.

[5] Blaine G.Robbins.Institutional Quality and Generalized Trust：A Nonrecursive Causal Model.Published online，Springer Science+Business Media B.V.2011.

[6] Marozzi，M.Construction，dimenswn reduction and uncertainty analysis of an index of trust in public institutions.Springer Science Z Business Media Dordrecht 2012.

[7] Rolef，S.H.Public trust in parliament：a comparative study.The Knesset Information Division，Jerusalem2006.

[8] OECD.Citizens as Partners：OECD Handbook of Information，Consultation and Public Participation in Policy Making.OECD，Paris 2011.

[9] Wallace，G，Latcheva，R.Economi：Cransformation outside the law：corruption，trust in public institutions and the informal economy in transition countries of Central and Eastern Europe.Eur.Asia Stud.2006（58）：81-102.

[10] Stevenson，B.，Wolfers，J.Trust in Public Institutions over the Business Cycle. Working Paper，Federal Reserve Bank of San Francisco，San Francisco，2011（11）.

[11] Rorbert B.Denhardt.Trust as Capacity：The Role of Integry and Responsiveness.Public Organi-zation Review：A Global Journal，2002（2）：65-76.

[12] 鄒東昇 . 地方政府行政誠信檢視：傳統、失範與重構 [J]. 江西社會科學，2005（8）.

[13] 劉達禹 . 構建責任政府視角下提高政府公信力研究 [J]. 學術交流，2007（9）.

[14] 呂維霞，王永貴 . 基於公眾感知的政府公信力影響因素分析 [J]. 華中師範大學學報（人文社會科學版），2010（7）.

[15] 張旭霞 . 試論政府公信力的提升途徑 [J]. 南京社會科學，2006（7）.

[16] 唐鐵漢 . 提高政府公信力建設信用政府 [J]. 中國行政管理，2005（3）.

[17] 楊暢 . 績效提升視角的當代中國政府公信力評估實施方略 [J]. 湖南師範大學社會科學學報，2011（3）.

[18] 何顯明 . 地方政府公信力與政府運作成本相關性的制度分析 [J]. 國家行政學院學報 .2002，專刊 .

[19] 舒小慶 . 政府公信力：價值、指標體系及其實現途徑——兼論中國誠信政府建設 . 南昌大學學報（人文社會科學版），2008（11）.

[20] 陳潮升等 . 政府信用的評價標準、現狀及對策探析 [J]. 四川行政學院學報，2006（1）.

[21] 薄貴利 . 十大因素影響政府公信力 [N]. 人民日報，2008-11-5.

[22] 向永紅，吳迪 . 制度創新：提高政府公信力的動力——從新制度主義的視角出發 . 經濟研究導刊，2009（4）.

[23] 王策 . 誠信政府建構論 [J]. 社會科學輯刊，2005（6）.

[24] 薄貴利 . 論提高政府的公信力和執行力 . 武漢科技大學學報（社會科學版）2010（5）.

[25] 武曉峰 . 近年來政府公信力研究綜述 [J]. 中國行政管理，2008（5）.

[26] 楊暢 . 績效提升視角的當代中國政府公信力評估實施方略 [J]. 湖南師範大學社會科學學報，2011（3）.

第一章 政府公信力概念辨析

▌第一節 中國古代政府之「信」

中國古代，「信」是一個獨立的概念，是指語言與行為相一致，遵守承諾，履行約定的行為特性和思想品質。中國古代先哲們談論「信」，主要有兩種語境：一是講個人的修身之信，涉及一般個人自身的道德修養以及其人際交往關係；二是講為政之信，涉及官員對待和處理民眾事務時的態度或行為互動以及官民關係。個人修身之「信」，雖然並不與政府之「信」直接相關，但卻往往作為其背景或前提加以論及，在儒家思想中這一點表現得尤為突出。中國儒、法、道等主要流派對政府的「信」各有見解，觀點和興趣各異，但有一點卻是共通的，那就是他們都贊成政府守「信」是好的治理的重要因素之一。

一、個人修身之「信」

儒家遵循「修身、齊家、治國、平天下」的「內聖外王」統治邏輯，以個人道德修養為起點，向官僚繫統進行關係的延伸，認為只有道德修養高的君子才可為官，才可成為統治集團的一員。儒家講君子修身，往往並不單獨提到「信」，而是經常與「義」「禮」「智」等其他道德品質結合起來談論。孔子講：「君子義以為質，禮以行之，孫以出之，信以成之。」（《論語》之《衛靈公第十五》）孔子認為信是君子成功的條件。孔子又說：「能行五者於天下為仁矣。」「恭、寬、信、敏、惠。恭則不侮，寬則得眾，信則人任焉，敏則有功，惠則足以使人。」孔子指出「信」是能夠讓別人委以重任的前提。'《論語》之《陽貨第十七》篇）荀子將「信」作為小人與君子的本質區別之一，認為：「言無常信，行無常貞，唯利所在，無所不傾，若是則可謂小人矣。」（荀子之《不苟第三》）「小人也者，疾為誕而欲人之信己也，疾為詐而欲人之親己也。」（荀子之《榮辱第四》）與此相對，荀子指出）「公生明，偏生暗；端愨生通，詐偽生塞；誠信生神，誇誕生惑。此六生者，君子慎之。」「故君子者，信矣，而亦欲從之信己也；忠矣，而亦欲人之親己也。」荀子

將「誠」與「信」合起來使用，出現「誠信」一詞，意義與「信」基本相同。至宋代朱熹，將「信」與「仁、義、禮、智」並稱為「五常」，認為君子要常常守之。道家的代表人物莊子也談到了信與任之間的關係，「無行則不信，不信則不任，不任則不利」（《莊子．盜跖》）。

古代先哲們認為「信」是個人修養的一項重要內容，是小人與君子的本質區別之一，是君子成功的重要條件，君子要經常守信；唯有守「信」，別人才能委以重任，才配做官，才能獲得真正的利益。

二、為政之「信」

古代先哲們認為，「信」是為政立國之本。例如，孔子認為為政要做到三件事，就是）「足食，足兵，民信之矣。」「民無信不立。」（民眾不信任就不能立國。）（《論語．顏淵第十二》）這是因為，只有統治者得到民眾的信任，民眾才會心甘情願地為其做事，提出好的治國主張，建立良好的君民關係，即「君子信而後勞其民，未信則以為厲己也；信而後諫，未信則以為謗己也。」（君子得到信任才能勞動他的民眾，沒有得到信任，民眾就會以為是苛待他們；得到信任才勸諫，沒有得到信任，君主就會以為是毀謗自己。）（《論語．子張第十九》）荀子認為，信是贏得民心的重要方法，它比武力擴張領土更重要。荀子指出，「故凡得勝者，必與人也；凡得人者，必與道也。道也者，何也？曰：禮義辭讓忠信是也。故自四五萬而往者，強勝，非眾人之力也，隆在信矣；自數百里而往者，安固，非大之力也，隆在修政矣。」「假今之世，益地不如益信之務也。」當下，致力於擴張領土，不如致力於增加公眾對君主的信任啊！（《荀子．強國第十六》）荀子又說，「故為人上者，必將慎禮義、務忠信，然後可。此君人者之大本也」'《荀子．君道第十二》）他認為，君主的道義被人們相信了，傳遍了四面八方，天下人就會異口同聲地歡呼響應，即「此君義信乎人矣，通於四海，則天下應之如讙。是何也？則貴名白而天下治也。故近者歌謳而樂之，遠者竭蹶而趨之。四海之內若一家，通達之屬，莫不從服。」（《荀子．儒效第八》）老子認為，為政者守信，並不是每天把「信」掛在嘴上講，輕易向民眾做出許諾，而要

付諸行動，即信言不美，美言不信。（《老子》八十一章）老子說，「輕諾必寡信。」（《老子》六十三章）

三、中國古代政府之信的意義

中國古代先哲們很早就提到了民眾與政府之間的信任關係，認識到「民信君」與「為政者務信」在鞏固政權和維護國家團結方面的重要性。民信君是君主立國之本，務信是君子治國的重要內容，它比武力擴張領土更重要，使四海之內的民眾團結一心，擁護和服從君主的統治。從邏輯上看，由於中國古代主要沿著「修身、齊家、治國 " 平天下」的為政思路，因此為政之信，主要強調為政者在思想道德上的修養，為政者在思想和行為上守信，才能使「民信君」。因此，中國古代的為政之信更多的是思想道德層面或政治倫理層面的要求，並沒有將注意力放在為政之信在制度層面的實現上。

▌第二節 政府公信力的現代意涵

一、中國「政府公信力」概念的提出

中國學者對「政府公信力」的研究主要是從進入 21 世紀後開始興起。隨著 2003 年「SARS」的流行，「阜陽奶粉」「三鹿奶粉三聚氰胺」事故，各類生產、環境、醫療等領域安全事故的發生，以及官員腐敗的蔓延和在拆遷過程中官民衝突的增多等等，這一系列問題使得官民緊張關係加劇，大大削弱了公眾對政府的信任。2005 年中國政府的工作報告中首次正式確認了「政府公信力」這一提法，報告提出：「努力建設服務型政府。創新政府管理方式，寓管理於服務之中，更好地為基層、企業和社會公眾服務。整合行政資源，降低行政成本，提高行政效率和服務水平。政府各部門要各司其職，加強協調配合。健全社會公示、社會聽證等制度，讓人民群眾更廣泛地參與公共事務管理。大力推進政務公開，加強電子政務建設，增強政府工作透明度，提高政府公信力。」2006 年 3 月，十屆人大四次會議的《政府工作報告》又明確指出：要加快推進行政管理體制改革，進一步轉變政府職能。切實轉變政府管理經濟方式，加強社會管理和公共服務職能。大力推行政務公開，完

善政府新聞發佈制度和訊息公佈制度，提高工作透明度和辦事效率。建立健全行政問責制，提高政府執行力和公信力。黨的十七大報告、十八大報告都更詳細地提出了關於提高政府公信力的論述。十八屆三中全會審議透過的《中共中央關於全面深化改革若干重大問題的決定》中指出，必須切實轉變政府職能，深化行政體制改革，創新行政管理方式，增強政府公信力和執行力，建設法治政府和服務型政府。2014年李克強作的《政府工作報告》指出，「各級政府要忠實履行憲法和法律賦予的職責，按照推進國家治理體系和治理能力現代化的要求，加快建設法治政府、創新政府、廉潔政府，增強政府執行力和公信力，努力為人民提供優質高效服務。」這意味著，中國新一屆政府已經認識到，政府的法治、創新和廉潔是影響政府公信力的重要因素，也是政府職能轉變的重要內容和方向，並且中國政府在新的治理理念的指導下，已經將「政府公信力」從一種重要的行政能力提升到了一種重要的「治理」能力的高度，並且它在一定的程度上表徵著治理能力的現代化。

二、中國學者的「政府公信力」概念評析

目前，中國學者對「政府公信力」概念的界定尚不統一，在對其分析和概念使用方面過於籠統和泛化，缺乏一定的嚴謹性。

中國有部分學者主要從公眾角度出發，認為「政府公信力」是公眾對政府行為、形象和信譽等做出評價、認可並施與一定程度的信任。例如，鄒東昇 [1] 認為政府公信力既包括民眾對政府整體形象的認識和態度，也體現為民眾對政府行政的理解和支持。劉達禹 [2] 認為，政府公信力是指社會組織和民眾對政府信譽的一種主觀價值判斷，它是政府行政行為的形象和所產生的信譽在社會組織和民眾中所形成的心理反映，即民眾對政府整體形象的認識、情感、態度、情緒、興趣、期望和信念等，與此相應的行為表現是民眾是否自願地配合政府的行政行為以減少政府的公共管理成本，從而提高公共行政效率。另外，吳威威 [3]，呂維霞、王永貴 [4] 等也都從這一角度進行了闡釋。

筆者認為，從公眾角度對「政府公信力」進行定義，缺乏一定的嚴謹性。它忽視了「政府公信力」這一概念被提出的具體行政環境和情勢。「政府公信力」是中國政府在應對行政環境變化，認識到要改變政府職能和行政方式，

建立責任政府和服務型政府的情勢下，將其作為一種執政能力而提出的，政府在塑造和提升公信力中處於主動態勢和主導地位。其次，它混淆了「政府公信力」與「政府公信」「政府公信度」之間的區別和聯繫，將「政府公信力」籠統地等同於「政府公信」或「政府公信度」。「政府公信」是公眾對政府的信任，這是一種心理和行為互動關係，這種信任存在程度上的差別，形成一定的「政府公信度」。「政府公信力」植根於「政府公信」之中，「政府公信度」是「政府公信力」的作用結果和重要反映或衡量因素。

中國有些學者認識到了政府在「政府公信力」中所處的主動地位，並從政府角度出發，認為政府公信力是政府贏得公眾信任的一種能力或資源。如唐鐵漢（2005）認為這種能力指政府的影響力與號召力。武曉峰研究認為[5]，政府公信力是政府在長期的實踐中形成的一種無形的權威性資源。薄貴利[6]認為，政府公信力，即政府透過自己的行為得到社會公眾信任和認可的能力，它反映了人民群眾對政府的信任度和滿意度。朱光磊、周望等[7]學者進一步指出，「政府公信力」是具有中國原創性特徵的概念，是「指政府在施政過程中透過合理、有效地履行其功能和職責而取得公眾信任的能力，是政府的一種執政能力和執政資源。」它「出於解決當前經濟和社會快速發展中的一些突出問題、構建和諧社會以及進一步加快轉變政府職能的迫切需要，以及現階段和條件下需要政府能夠有所作為的現實要求。轉變政府職能是提高政府公信力的出發點和著力點。」張旭霞[8]認為，現代意義上的政府公信力，是指政府履行自己的責任和義務，信守對公眾的承諾，從而獲得公眾內心上對政府的運作方式、政府行政人員的行政行為以及與政府行為相關的整個社會制度的理解和信任。王福鑫[9]、楊暢[10]等也都提出了類似觀點。

筆者較贊同從政府角度出發理解「政府公信力」，它是政府執政能力的重要組成部分，也是重要的資源；站在當代中國政府更加先進的治理理念的角度下，更確切地說「政府公信力」是政府贏得公眾信任的能力，它是一種重要的政府「治理」能力。因為這種理解緊扣了這一概念提出的歷史背景，並為解決現實問題提供有益的思路。當然，對這一概念的理解不能就此停留，還需要進一步精確和細化：從中國當下情境中定位其出發點，從中國傳統思想中尋找其淵源，從中西比較中廓清其實質，進一步地明確其具體意涵。

三、「政府公信力」的具體意涵

「政府公信力」的具體意涵包括如下幾點：

（1）「政府公信力」是中國政府從政府角度出發提出的原創性的具中國特色的概念，它是一種政府治理能力，政府角色的轉變是提高政府公信力的出發點和落腳點。

這一概念首次得到正式確認是在政府工作報告中，並且幾乎此後的幾次重大會議中都重點提到了要提高「政府公信力」的論述。這一論述的提出有著特定的歷史背景，這個背景就是中國當下處於政治、經濟、社會等各方面的重大轉型期，中國政府要徹底進行體制改革，實現職能轉變和行政方式的轉變，努力建立責任政府和服務型政府。政府職能和行政方式的轉變，意味著政府角色的重新定位與調整。當下，中國政府要切實地履行對公眾的責任，切實兌現「為人民服務」的承諾。這也就是說政府角色的轉變是「提高政府公信力」的出發點和落腳點。中國政府將「政府公信力」提高到了「治理能力」的高度，將其視為政府治理體系現代化和治理能力現代化的一項重要內容。這一概念充分表明了中國政府應對當下各種挑戰，努力實現治理理念的昇華、政府角色的轉變和積極把握時局的主動態勢、巨大勇氣和遠見卓識。

（2）中國「政府公信力」是中國古代「為政之信」的繼承與超越。

它贊同古代先哲所提出的政府建立公共信任是治理的重要任務和內容，是中國團結、政令順暢、公眾服從統治的重要因素；贊同為政者要在個人道德修養上守信。在此基礎上，它實現了超越。政府公信力涉及的信任關係雙方主體——公眾和政府——的地位和結構發生了根本性的變化。古代中國實行君主專制制度，君主是國家的最高統治者，是一國之王，以君王為首的整個官僚集團是統治階級，他們是高高在上的「官老爺」，是上流社會的達官顯貴；而人民是君王的臣子和百姓，他們是社會底層的卑微草民，是臣民。古代的政府由君王家族和士構成，士來自於王侯之家的世襲、當朝官員的舉薦、卓著的戰功兵士或科舉考試的選拔；古代的民包括少量市井小商人和大量農民。現代中國在社會主義民主制度下，政府的公共權力來自於人民的賦

予，政府為人民服務，是公共服務的提供者；人民是國家的主人，是擁有平等權利的公民。現代的中國政府由人民選舉出的黨的領袖、各級政府領導以及公務員構成，他們大部分是中國共產黨黨員，接受黨的領導。由於我們現在處於一個開放和階層日益分化的多元社會，公眾也開始包括越來越多的成分，如知識分子、商人、工人、媒體工作者、農民工、農民等。政府公信力建立的制度背景迥然不同。古代政府的公信力產生於以君主為首的官僚對臣民的統治過程之中。這一過程中，民眾完全處於被動地位，君主是否要守信，幾乎完全依賴於其主觀意願，民眾的意願發揮的作用相當有限。並且，古代政府的公信力，更多地依賴於官員及整個統治集團在道德層面的修養，缺乏制度性的保障。現代政府公信力產生於政府的治理過程。治理意味著政府的主要職能是向公眾提供公共服務。雖然政府在教育、醫療、生產安全、食品安全、環境保護、交通、稅收等方面進行管制，但從另一個方面說，這些管制也是為公眾提供的基本服務。另外，治理過程強調政府向人民負責，其政策和行為要具備正當性，接受人民的監督。在治理過程中產生的政府公信力，公眾處於更加主動的地位，是服務的對象，是負責的對象。公眾對政府公共服務的滿意度、對政府責任的評價是衡量政府公信力的核心要素和重要反映。政府公信力之於政府的意義和要求有了新發展。古代君主為政守信，就要提高自身的道德修養以及運用權謀的能力，其目的是籠絡人心，穩定政權，使百姓臣服於統治。現代中國政府要提高公信力，不僅要提高政府官員的個人道德修養，而且更要提高政策制定和執行水平，提高制度構建和制度創新能力以及公共服務能力，增強政府的可問責性，更好地回應公眾的訴求，政府公信力是政府執政能力和治理能力的重要體現。

（3）「政府公信力」與西方語境的「政府公信」「政府公信度」等概念既有區別，又有聯繫。

嚴格來講，西方語境中並沒有與「政府公信力」相對應的詞彙。在西方文獻中，涉及的相關概念是「public trust in government」或「public con-fidence in government」，可譯作「政府公信」。而政府公信又有著程度上的區別，這就是「政府公信度」。

關於政府公信，西方學者主要認為它是一種公眾信任政府「做正確的事情」的總體性概念。這種信任並不是指對特定部門的特定任務的公共態度，而是一種更廣泛的公共信任感，即公眾相信官員們正在承擔和維持他們的道德義務、社會義務和信託義務，公共官員對這些義務的背叛經常會使公民困惑、冷漠和憤怒，更壞的是，它可能會破壞人類社會規範賴以形成的信用基礎。如，米勒 [11] 認為，政府公信就是公眾對政府的信任，是公眾對政府的信心或支持，相信政府會在沒有監督的情況下做正確的事情以及具有響應性。Barber（1983）[12]、Kass（1994）[13]、Thomas（1998）[14] 等認為，政府公信是指對官員廉潔公正的信任，相信公共財政能被公正地使用並支持公共利益，還指對政府履行其規定義務的能力的信任。

西方對政府公信的研究主要集中於「政府公信度」的評價以及它與「普遍信任」（或普遍的社會信任）之間的關係問題上。西方學者常常將「政府公信」看成是普遍信任的一種或重要影響因素，是一種重要的社會資本。一般地，他們將「信任」分為兩種類型，一種是特殊信任（particu-larized trust），它產生於面對面的人際交往，是個人與個人之間的信任關係，這種信任關係往往存在於熟人或「圈內人」之間。另一種是普遍信任（generalized trust，或 generalized social trust），普遍信任是當一個共同體共享一套道德價值，這套道德價值能夠產生對成員的通常行為和誠實行為的一般預期時，信任關係向陌生人的延伸（Fukuyama，1995）。普遍信任可以存在於某種社會團體中、存在於經濟團體和道德團體中，存在於宗教團體和種族中。普遍信任作為信任的一種，如 Putnman（1993）所言，它是社會資本的重要組成部分，它對現代社會而言尤為重要。美國學者福山認為，「所謂信任，是在一個社團之中，成員對彼此常態、誠實、合作行為的期待，基礎是社團成員共同擁有的規範，以及個體隸屬於那個社團的角色。」「所謂社會資本，則是在社會或其下特定的群體之中，成員之間的信任普及程度……社會資本和其他形態的人力資本不一樣，它通常是經由宗教、傳統、歷史習慣等文化機制所建立起來的。」[15]

依照西方文獻對「政府公信」「政府公信度」等概念的分析，中國政府所提出的「政府公信力」實際上是政府贏得「公信」的能力，它植根於「政

府公信」所代表的公眾與政府之間的信任關係之中。在這種關係中，公眾是政府管理與服務的對象，從組織形式上講包括個人、群體或組織，從與政府發生的互動關係看，包括普通大眾、政府服務的真實享用者、直接被管制對象、合作性的非政府組織、媒體等；政府包括一線工作人員、各級政府領導和機構、中央政府領導和機構等。「政府公信度」是「政府公信」的水平，它是政府公信力的主要反映，政府公信度愈高，表明政府公信力愈強。然而二者並不是完全等同的概念，二者談論的出發點不同，政府公信力從政府角度出發，而政府公信度從公眾角度出發。政府公信作為社會普遍信任的重要構成因素，它主導著社會普遍信任的發展及水平。因此，廣泛地講，政府公信也是一種重要的社會資本，在這個意義上，政府公共目的也是政府獲取和創造社會資本的能力。

總之，「政府公信力」是具有原創性和中國特色的概念，是政府贏得公眾信任的一種執政能力和資源，政府角色的轉變是提高政府公信力的出發點和落腳點。它是中國政府站在現代新的起點上，對古代「為政之信」的繼承與超越。中國政府要切實地履行對公眾的責任，切實兌現「為人民服務」的承諾，提高政府公信力，努力建立責任政府和服務型政府。而政府公信力的提高，不僅要依賴於政府官員的個人道德修養，而且更要依賴於尋求制度層面的基本保障，提高制度創新能力。政府公信力植根於公眾與政府的相互信任關係（即政府公信）之中。

由此可見，研究提升政府公信力的制度路徑，必然離不開考查政府公信的建立條件和政府公信度的影響因素，尋找它們與制度之間存在的邏輯關係，之後才能提出切實的解決方案。

註釋

[1] 鄒東昇 . 地方政府行政誠信檢視：傳統、失範與重構 [J]. 江西社會科學，2005（8）.

[2] 劉達禹 . 構建責任政府視角下提高政府公信力研究 [J]. 學術交流，2007（9）.

[3] 吳威威 . 良好的公信力：責任政府的必然追求 [J]. 蘭州學刊，2003（6）.

[4] 呂維霞，王永貴 . 基於公眾感知的政府公信力影響因素分析 [J]. 華中師範大學學報（人文社會科學版），2010，49（4）.

[5] 武曉峰 . 近年來政府公信力研究綜述 [J]. 中國行政管理，2008（5）期 .

[6] 薄貴利 . 論提高政府的公信力和執行力 [J]. 武漢科技大學學報（社會科學版），2010，12（5）.

[7] 朱光磊，周望 . 在轉變政府職能的過程中提高政府公信力 [J]. 中國人民大學學報，2011（3）.

[8] 張旭霞 . 試論政府公信力的提升途徑 [J]. 南京社會科學，2006（7）.

[9] 王福鑫 . 試論政府公信力與社會主義和諧社會的構建 [J]. 行政與法，2006（3）.

[10] 楊暢 . 績效提升視角的當代中國政府公信力評估實施方略 [J]. 湖南師範大學社會科學學報，2011（3）.

[11] Miller，A.H.，Listhaug，o.Political Parties and Confidence in Govemment：A Comparison of Norway，Sweden and the United States.British Journal of Politica lScience 20.3（1990）：357-386.

[12] Barber，Bernard.1983.The Logic and Limits of Trust.New Brunswick，NJ：Rutger University Press.

[13] Kass，HenryD.1994.Trust，Agency，and Institution Building in a Contemporary American De-mocracy.Administrative Theory and Praxis16（1）：15-30.

[14] Thomas，CraigW.1998.Maintaining and Restoring Public Trust in Government Agencies and Their Employees.Administration& Society30（2）：166-94.

[15] [美] 弗蘭西斯 . 福山 . 信任——社會道德與繁榮的創造 [M]. 李宛蓉譯，遠方出版社，1998.

第二章 制度在信任關係建立中的基礎作用

　　信任最初建立在緊密的人際關係基礎之上。隨著社會的發展，技術的進步，人類的勞動分工越來越精細也越來越專業，為了達成共同的政治、經濟、文化、社會等方面的目標，需要彼此陌生的人們透過構建各種組織或網絡為了共同目標而從事集體行動，集體行動若想獲得成功，成員之間的信任是必不可少的要素。那麼是什麼使得這種信任存在並且得以維繫和壯大呢？這就是制度。制度可以使組織中的成員擁有共同的道德規範，追求基本的價值，承擔組織賦予他的明確責任和義務。

▎第一節 信任關係得以建立的四個基本因素

一、信任關係所帶來的收益

　　實質上，信任可以理解為是施予信任的一方與接受信任（或被信任）的一方雙方之間建立的一種契約關係，這種契約可能是有形的書面關係，也可能是無形的心理上的相互約定。

　　人們為什麼要相互信任呢？一般來講，人們之所以決定要相信他人，主要是考慮這樣做可以為自己帶來收益，也就是這樣做是有好處的。如果因信任他人所帶來的收益比因不信任他人而失去的利益更多，那麼，人們就會選擇信任他人。那些尋求信任的人一般也不會違背約定，除非他這樣做會為自己或他人贏得更大的好處。

　　這種收益最直接地體現為物質利益或經濟利益，在現代市場經濟社會尤其如此。然而，除此之外：收益也可以是社會層面或精神層面的。某個團體內的信任關係的建立可以增進團體內成員的心理溝通和交流增進社會歸屬感；團體之間信任關係的建立可以促進人們之間的合作，讓團體和個人提供更廣闊的發展空間，激發社會活力，促進社會和諧。從時間的維度講，收益可以是一次性的或短期的，也可以是累積性的或長期的。信任關係的維持與收益

持續的時間成正比。一般來講，越是能夠使人們獲得累積性的長期收益的信任關係，人們越容易去維繫和增進。

二、信任關係的可靠性

信任他人是一種自願的行為，而且會面臨對方背叛或毀約的風險。當人們沒有與對方交往過，或缺乏關於對方的第一手訊息時，雙方信任關係的風險性就會增加，信任關係的建立更多地依賴於雙方的自願程度。在面對相當誘人的收益時，一些人會輕易地相信他人而不顧及這種信任關係是否可靠。通常情況下，人們會讓被信任的一方提供擔保，以增強信任的可靠性。信任關係足夠可靠，人們才願意信任他人。

三、信任關係的靈活性和方便性

在現代社會中，信任關係遠遠超出了熟人圈內的人際交往關係。現代社會存在各種各樣大量的個人與群體組織。個人與陌生人之間的信任、個人與不同組織間的信任、組織與組織間的信任，是社會中各利益主體共存和合作的基礎，是使整個社會充滿活力和發展空間的要件。從這個角度講，信任是一種有效的社會工具。作為一種社會工具，信任關係的建立需要具備靈活性和方便性。

信任關係能夠使個人和群體將共存和合作的機會最大化，這種最大化依賴於靈活又方便的信任關係安排。信任的條件越是靈活、普遍、非偶然，越能夠承受不可預見的突發狀況，那麼由它所帶來的機遇，越能延伸至相似的甚至並不怎麼相似的狀況。信任的靈活性接下來會增加其實用性和穩定性。人們越是能夠方便地施信與人，那麼越容易接近由信任而產生的機會。

四、信任關係的四個基本因素間的內在關係

收益、可靠性、靈活性和方便性構成了建立信任關係的四個基本因素，它們相互區別，但內部也存在著密切的關係。信任所帶來的收益如果足夠高，人們可能會更願意冒險而輕易相信他人，減少了對其可靠性的顧及；如果可靠性沒有一定的保障，信任帶來的收益有時也難以對抗背叛信任的風險損失。

既然機會隨著靈活性和方便性而增多，那麼收益的機會也會隨之增多；可靠性的增加會使所有參與信任關係的成員更願意使這種關係變得更加靈活，使得信任關係的達成變得更加方便。

第二節 信任的不同邏輯

信任帶來的收益、信任關係的可靠性、靈活性、方便性是信任關係得以建立的四個基本因素，每一個基本因素的存在都為信任關係的建立增添了一重保障。然而，只單純地具備這些基本因素並不能使人們理解，在現實情境下，是什麼動力驅使信任得以建立、維持、消退和增長？這就是信任的邏輯。信任的邏輯是一系列的假設，基於這些假設，人們可以推斷對方是誠實的，值得信任的。信任的邏輯會揭示什麼是開創、建立和支持信任關係的合理因素和理性因素。不同的邏輯對信任關係的四種保障因素的屬性、重要性和計算洞然不同，並且將信任的增長或減退看成是不同因素作用的結果。

信任邏輯建立在人類行為動機的一些概念基礎上）自利、關心、制度化的義務和責任。與這些不同的行為動機相對應，學者 HernyD.KaSS 指出，信任的邏輯主要包括三種：基於自利的後果邏輯、基於他利的關心邏輯以及基於制度化義務和責任的正當邏輯。與上述三種邏輯相類似，有些學者提到了三種不同基礎的信任關係。如 Lewicki 和 Bunker[1] 將信任分為三種，即基於理性計算（calculus-based trust）的信任、基於瞭解的信任（knowledge-based trust）以及基於身份認同的信任（identification-based trust）。並且認為這三種信任關係的建立是一個連續和遞進的過程。

筆者認為，基於理性計算的信任是與考慮自我利益的後果邏輯相一致的；基於瞭解的信任與考慮他利的關心邏輯相一致，因為充分的瞭解是關心的基礎；關於正當邏輯，從更細緻的層面來講，它不僅包括對制度化的義務和責任的認同，而且包括對制度本身所體現的倫理價值的認同。進一步講，制度化的義務和責任，是對處於不同地位或職位的人們所要扮演的角色的制度性規範，而這些規範無疑是植根於當時的社會關係當中，並且要符合為社會大眾所共同遵守和認可的倫理價值。所以總的來講，正當邏輯實質上是對制度

化角色以及支撐這種角色的制度本身所具有的倫理價值的認可和遵從，在此邏輯下的信任關係，可以稱為基於制度的信任。

一、後果邏輯：基於理性計算的信任

後果邏輯假設大多數人的行為是由對自我利益的理性計算所驅動的，公共選擇理論就是這種邏輯的一個闡釋。沿著這一邏輯，信任被看作是純粹自利的當事人之間的一種交換。這意味著，人們之所以加入信任關係，是因為他們彼此會因信任關係的建立而得到充分的物質收益。在這種邏輯下，信任關係被看成是純粹的實現當事人利益的工具，越是能有效地達成各方當事人的利益，信任關係越容易促成和維持。收益是這一邏輯的指南，在任何情況下都是被考慮的因素並且制約著信任關係的建立。若一種信任關係沒有明確提供誰將獲得多少份額或哪些具體的好處，那麼就沒有人願意加入這種信任關係。當某一方當事人因為某種信任關係而失去利益時，該方當事人就不願意再繼續忠實於這種信任關係。因此，依照後果邏輯，想要繼續維持那種不能給當事人帶來收益的信任關係，是很不理性的。

後果邏輯下，只有當事人確定忠於信任關係帶來的好處超出了背叛它的比較利益時，這種信任關係的可靠性才是有保障的。在市場經濟領域，這種比較利益會隨著市場的變化而變化，今天有利的交易明天可能會失利。結果，信任關係的可靠性在這種邏輯下經常是一個棘手的給人帶來普遍困擾的問題。人們很難設計出要怎樣回報那些忠實於信任關係的誠實人，懲罰那些背叛信任關係的背信棄義者，才能確保雙方當事人的可信性。

在後果邏輯中，信任關係的可靠性如此麻煩，它的靈活性和方便性也受到了不良影響。為了吸引不同的參與者，在信任關係的安排中，需要提前明確地說明進入信任關係的當事人將獲得的利益，這主要透過各種協商契約的形式加以確定，因為很多協商契約是具有法律效力的正式文字材料，法律增強了信任關係的可靠性。當信任關係的基礎相對靈活時，很難進行協商和管理。利益協商的困難和信任關係可靠性的缺乏，使得建立信任關係的方便性降低。因為需要具有深思熟慮的和耗時的程序來開啟和完成每個信任的施予

和接受，很多契約要求某種形式的第三方執行，這進一步降低了信任的靈活性。

二、關心邏輯：基於瞭解的信任

關心邏輯與工具主義的後果邏輯恰恰相反。後果邏輯認為人的行為是自利的工具，關心邏輯則認為人的行為是由對他人福利的由衷關心使然，關心他人的福利本身就是重要的目的。關心邏輯認為，人們是有愛心的，樂於幫助別人。當他們被信任時，他們會關心那些相信他們的人的福利，有時，甚至會不惜犧牲自己的利益。關心邏輯克服了後果邏輯在建立信任方面的很多限制。

關心邏輯下，信任關係建立的可靠性得到了很大程度的保障。依照關心邏輯，受信者總會著眼於施信者的福利。對所關心對象的福利的追求不僅違背了自我利益，而且有時還會超越制度責任的束縛，甚至偶爾還會無視制度化的律令，超出法律的界限。

關心邏輯下的信任關係的可靠性大大增加，建立信任關係的靈活性和方便性也隨之增加了。源於關心的信任不像後果邏輯下建立在契約關係或準契約關係基礎上的信任那樣難以普及，它普及起來更加容易。這種信任關係很少需要說明具體的時間、地點、程度以及內容；並且，凡是存在關心關係的地方，就容易建立信任。當受信者真正關心施信者的福利的時候，信任就成為一種既容易又方便建立的關係了。沿著關心邏輯，在建立信任關係的過程中，施信者通常會避開耗時的協商程序。人們要信任他人，只是簡單地相信，他人是值得信任的，他人會為了對方的福利而努力。

除了一些明顯的優勢外，關心邏輯也有著其侷限性。如同後果邏輯一樣，人們是否要關心他人完全取決於自己的選擇，即它是建立在個人選擇的基礎上的，受到個人偏好的制約。如同自利是建立在個人判定的利益基礎上一樣，關心是建立在個人對他人的關注基礎之上。這就意味著關心邏輯如同後果邏輯一樣受到個人偏好的限制。關心他人福利存在一個程度的問題，過度地關

心他人利益，會超出正常的社會責任範圍，而這種關心會產生一系列麻煩，不是真正的關心。

關心邏輯是以相互瞭解為前提的。當信任關係涉及的雙方互相不瞭解，不能確定雙方是可信的時候，就會產生一些嚴重的問題。當我們對他人來講完全是陌生人、抽象的某類人或具有統計性質的人口時，情況會變得更糟。只有在人們互相熟悉的基礎上，才能建立典型的關心關係。然而在現代官僚社會，我們必須要信任陌生人並且被其所信任。在這種情況下，關心很難找到肥沃的土壤。它可能會到處生長，然而要想繁榮則是問題重重。如果我們想要在高度互賴的陌生社會建立信任關係，我們就必須要超越關心邏輯。

三、正當邏輯：基於制度的信任

（一）規範制度主義中的正當邏輯與制度的概念

關心邏輯和後果邏輯都受到個人偏好的影響，容易產生一系列的問題，這些問題在正當邏輯中都被避免了。正當邏輯是規範制度主義分析方法所提倡的一個核心概念，它建立在這樣的觀點基礎上：在某個重要時段，人們的行為並不是以計算回報為基礎的，而是以確認「什麼是正當的行為」為基礎的，即人們的行為遵循「正當邏輯」。這種「正當的行為」是由制度所提供的規範所驅使的行為，制度規定了人們在現實世界中所應遵守的責任和義務，對這些責任和義務的遵守又形成了人們在具體的社會情境和組織中的角色。明確地講，是制度對人們的社會角色的規定才使人們的行為遵循「正當邏輯」的假設得以成立。

在新制度主義分析框架中，制度包括三個方面的含義。首先它是指一系列的規則、程序和規範，主要目的在於約束個人在追求福利或利益過程中的行為。透過制度的約束人們之間或組織之間形成穩定的行為模式和互動關係。制度有正式制度和非正式制度之分，由正式的規則、程序和規範組成的明文制度就是正式制度，如學校、醫院、政府等都可以看作是正式的制度安排；反之，就是非正式制度，包括價值、意識形態和習慣等。其次，制度還體現為某種結構性的安排，如社會中存在的大量組織都可以看作是制度。從這個

角度看，官僚制的政府機構就是當代社會中的一種典型制度。最後，制度還是一種理念和價值。這種理念和價值是「政治合作的資源、政策行為合法化的手段、政策選擇結構的認知框架、政策工具和制度變遷的催化劑」。

根據上述分析，制度可以看成是行為規則、組織結構和理念的綜合體。制度所訂立的規則可以使短暫的、偶發的、多變的社會事件變成常規的、可預見的以及穩定的行為。當常態的行為表達了或實現了建立制度的人所珍視的價值的時候，制度化的過程就發生了。制度並不是實現外部目標的簡單的或最初的手段。與制度相聯繫的行為和特徵本身就是目的，它們直接或隱含地表達了那些實行制度化的人們所支持的價值。

政府與民眾之間應當建立基於制度的信任，或者說，這種信任關係要有制度的保障。民眾信不信任政府，或者，政府公信力的大小，在根本的意義上，取決於制度（實際的「遊戲規則」）。中國古代思想家老子說：「太上，下知有之。其次，親而譽之。再次畏之。再次侮之。信不足焉，有不信焉。」老子認為，民眾對政府信任不足，是因為政府不誠信，而這種不誠信與政府權力是不是能順應「自然」（民眾的自然及客觀規律）有關。政府權力越是不能妄作（違逆自然），就越有公信力。老子按制度運作導致的人們對政府的信任程度，將政府的治理形態分成「下知有之」（民眾只知道有政府存在）、「親而譽之」（政府已干預到私人領域，但沒造成危害；民眾親近並讚美政府）、「畏之」（政府較多地干預私人領域，民眾畏懼政府）和「侮之」（政府成為公害，民眾不自由，辱罵政府）四個層次。而最有公信力的是不可能妄作的、管得最少的、最順其自然的「下知有之」的政府。

（二）制度化的角色與信任建立的正當邏輯

然而，歸根結底，是人類行為主體使得制度得以「運轉」，並使制度表達、實現和傳遞了特定的社會意義和道德價值。人們按照制度提供的行為規範來行動，扮演著制度規定的角色，並體現著制度的價值。因此，角色觀念以及角色的社會化對於理解將制度化與個人行為聯繫起來的過程來講是至關重要的。

角色將個人行為與各種各樣的社會制度機制聯繫起來，比如規則、原貝叭程序、儀式等。本質上，角色是規範體系，它引導個人以制度上合理的方式行事。當角色從外部被強制執行時，它同時也被內化了，並且變成了個人自我價值體系和自我形象的一部分。

一旦被學習和內化，角色就會為個人行為以及行為方式提供指引、激勵或者正當理由，使個人的行動方式體現制度內在的價值。正當邏輯是這樣的一種邏輯，人們履行制度化角色的要求就是在履行責任，即使自利或關心可能會驅使他不這樣做的時候也是這樣。

正當邏輯為信任關係的建立提供了有益的基礎。它尤其適用於兩種情況：

（1）必須要相信陌生人時；

（2）被信任的人在權力、權威、知識，或監督施信者的能力等方面相對於施信者有明顯的比較優勢時。

在第一種情況中，正當邏輯比後果邏輯和關心邏輯很多時候更具有優勢，因為正當邏輯可以使信任關係建立在人們對自身制度化責任和義務的認知基礎之上，而不會依賴人際間的相互尊重和喜愛等主觀性的個人偏好。在第二種情況中，當某人信任一個更有知識、權力更大、或不能對其行為進行有效監督的個人或群體時，某人很容易被潛在的被信任者所利用。當這種利用符合潛在被信任者的理性自利，且這種自利不用顧及或忠誠於施信者時，情況尤其如此。

如此情況下，正當邏輯能夠透過將潛在代理者的可信性建立在某個制度化角色規範的基礎上，而不是自利或人際交往產生的關心的基礎上，來避免或者至少減少這種使施信者容易被傷害的可能性。信任關係的雙方依照規範扮演制度化的角色，使得信任關係的建立有了更為冷靜和客觀的基礎。

（三）制度不是解決信任問題的萬靈藥

當然，正當邏輯並不是解決信任問題的萬靈藥。在現代多元社會，制度化的行為規範更多的是原則和行動指南，而不是不可違背的命令。這些原則和指南是抽象性的，它們留下了大量的解釋空間。人們能夠獲得足夠高足夠

具有誘惑力的自我利益時，或者人們強烈地關心他人的福利時，人們能夠輕易地或簡單地忽略掉作為建立信任基礎的制度化規範。制度和制度化的規範可能是通用的，也可能是排他性的。制度化責任可能只涉及一定的人群而不是其他人。其他人如果要獲得信任，必須依賴於施信者的個人品位、興趣以及忠誠。在社會歷史的某一點上，制度本身可能會變得可疑並失去它對大部分人的合法性。正當邏輯此時成了脆弱的蘆葦，在其基礎上建立信任自然也是搖搖欲墜的。

　　制度不是解決信任問題的萬靈藥，但與其他因素相比，仍具有根本的重要性，是政府公信力的基石。

註釋

[1] Lewicki，R.J.，&Bunker，B.B.（1995）.Trust in relationships：a model of trust development and decline.In B.B.Bunker&J.Z.Rubin（Eds.），Conflict，cooperation and justice（pp.133-174）.San Francisco：Jossey-Bass.Lewicki，R.J.，&Bunker，B.B.（1996）. Developing and main-taining trust in work relationships.In R.M.Kramer&T.R.Tyler（Eds.），Trust in organizations：fron-tier of theory and research（pp.114-139）.Thousand Oaks：Sage.

▎第三節 制度在信任的建立和消長中的根本作用

一、制度為信任的基本因素提供最堅實的保障

（一）不同邏輯關注不同的信任收益

　　後果邏輯、關心邏輯和制度的正當邏輯對信任的四個基本因素的出現或缺失有著不同的影響。從施信者的角度來講，這三種邏輯對信任因素的影響沒有太大的區別。然而，如果從受信者的角度來講，這種區別就是很明顯的。按照後果邏輯，受信者必須清醒地認識到，為了自己的利益，哪怕信任關係可能會給自己造成利益損失，或者這種關係的建立有些煩瑣，接受信任也是值得的。然而在關心邏輯中和正當邏輯中，個人收益不再是接受信任的主要因素。施信者的內在價值對制度化規範的遵守，分別作為收益的替代品，成為人們決定是否接受信任並擔負被信任的責任的關鍵。

（二）關心邏輯和正當邏輯下信任關係更具可靠性

不同的信任邏輯對信任關係的可靠性有著重要影響。按照後果邏輯，信任的可靠性受制於受信者所認為的由其承擔的信任責任所帶來的短期或長期利益。如果受信者沒有預期的明確的利益，人們就不會放心地去相信他（向其託付信任或施予信任）。當施信者的權力和地位與受信者不對等時，情況尤其如此。然而，這種情況並不會發生在關心邏輯或正當邏輯下建立的信任關係中。這兩種邏輯下的信任更具可靠性。然而兩者需要不同的條件。在關心邏輯下，只有在信任雙方有著深深的人際關係紐帶，互相看到彼此值得信任時，信任關係的建立才是安全的。只有當施信者和受信者同是某一道德共同體的成員，並且有著明確劃分的制度化義務和責任時，正當邏輯才更能夠維繫信任的基礎。

（三）正當邏輯和關心邏輯下信任關係更具靈活性和方便性

某一邏輯在多大程度上能夠保障信任關係的可靠性，直接影響著它在同種關係中對靈活性和方便性的保障能力。正如上述分析表明的，後果邏輯下的信任關係比關心或正當邏輯下的信任關係更不安全，更容易陷入難以處理的麻煩中，當潛在受信者比施信者實力更強大時尤其如此。任何信任關係並不必然或者總是提供算計、協商以及使任何契約協議盡可能地成為鐵律的努力。這樣做的結果會大大降低信任安排的靈活性，包括信任誰以及信任什麼。靈活性的降低緊接著會降低建立信任關係的方便性。只在一般的因果關係基礎上，人們沒有信任眾多人的方便條件。有時，被信任方是某個被指定的個人或群體，除了信任他們外，人們別無選擇。例如，在公眾對政府的信任（也就是政府公信）關係中，被信任的一方被指定只能是政府，公眾要麼信任政府，要麼不信任，所以這種信任關係的方便性就大大降低了。

關心邏輯和正當邏輯都為施信者提供了更大的可靠性。關心邏輯對那些受信者個人所珍視的、喜歡的或尊重的人提供了無條件的可靠性。正當邏輯透過制度化規範的束縛提供了有條件的可靠性，但是它可以將這種可靠性廣泛地提供給任何重視制度化文明的人，而不用顧及受信者的個人興趣或私人關係。

靈活性和方便性會緊跟可靠性的腳步。關心邏輯在它所包容的信任類型中更具靈活性，而正當邏輯在誰能施信和被信方面更具靈活性。源於關心的信任關係給施信者提供了巨大的方便性。在很多情況下，施信者能夠簡單地認為不用協商甚至要求信任，受信者都會照顧他們的福利。在正當邏輯下，施信者也不用為了追求他們自己的福利去向受信者提出要求或與受信者進行協商。如果信任的範圍在受信者制度化角色的義務範圍之內，施信者會認為受信者值得信任是理所當然的事。這種信任的方便性很容易向社會擴展，並且由這個社會的制度所保障。

（四）正當邏輯使制度成為信任因素的堅實保障

根據上述分析，在正當邏輯下，信任關係所帶來的收益是人們對制度化規範的遵守。當施信者和受信者同是某一道德共同體的成員，並且有著明確劃分的制度化義務和責任時，正當邏輯下的信任具有很大的可靠性。這種信任在誰能施信和被信方面更具靈活性，可以提供給任何重視制度化文明的人。信任的雙方除了按照制度化的角色和義務行事外，不需要其他要求，制度基礎上的信任更具方便性。

總之，在正當邏輯下，制度使得收益、可靠性、靈活性和方便性四個信任的基本因素有了更充分的保障，也就是說制度為信任的建立提供了更根本性的基礎。雖然，關心邏輯與正當邏輯一樣，在保障信任的四個基本因素方面優於後果邏輯且與正當邏輯不相上下，但它對個人偏好和對相互熟悉的人際交往關係的依賴，使得這種邏輯下所建立的基於瞭解的信任嚴重地缺乏更為理性與客觀的基礎，它不能在充滿各種組織與各種陌生的人或群體的現代社會，找到更為廣闊和肥沃的土壤，而正當邏輯下基於制度的信任則超越了這種障礙，可以在現代社會中蓬勃生長。制度是現代社會信任關係建立和擴展的根本。

二、信任的消長是自我強化的循環

信任的增加或減少可以被看作是一個自我強化的循環。如果具備了信任的四個基本因素，信任的自我強化循環就被開啟了，在這個循環中，信任被

給予和被回報，直至它會變成施信者與受信者之間的一種強烈的互動紐帶。這個循環會使信任關係的雙方按意願變換角色變得越來越容易。信任關係的存在使得各方成員彼此深信不疑。這種情況使得各方之間逐漸發展出一種重要的基本信任。這種基本信任越是普遍，信任關係越容易建立並且它們的成果越容易實現。

然而，如果信任的任何一個基本因素（尤其是收益和可靠性）在實踐中被明顯侵犯，迅速減少信任的循環就會開啟，並且難以逆轉。基本信任的出現會減緩不信任循環減少的過程，然而，如果缺乏基本信任，信任不斷被減少的循環就更難被打破。

三、後果邏輯和關心邏輯如何影響信任的消長

不同的信任邏輯對信任的四個保障條件的有效性有不同的假定，並影響信任關係的建立和維持。

使用後果邏輯，對信任關係的體驗必須能夠證明施信者和受信者之間存在公平的價值交換。換句話說，就是必須要表明這種關係服務於各方所贊同的利益。如果只使用後果邏輯，信任可能會隨著各方公平的自利交換的反覆事例而增長，但它從來不容易被預測。結果，各方之間的基礎性信任極難產生。這一問題源於這樣的事實：所有各方必須要不斷地監控他們各自的交換在多大程度上反映了他們的當下利益，以及在追求這一利益上的比較好處。從後果主義的角度來講，只是簡單地認為這種比較好處在最初贊同的交換發生後還會繼續存在，這是很不理性的。

關心邏輯要求受信者的行為表現出將施信者視為對其有著內在性的而不是工具性的價值 [1]。起初偶然地，透過信任關係，受信者需要以捨己動人的事例來表明他是值得信任的。一旦被表明關心是有用的，那麼關心就很容易普及。建立在關心邏輯基礎上的關係一旦是有保障的，那麼就很難撼動施信者對受信者的信任。所以在這樣的情況下很難開啟不信任的循環。如果開始出現了不信任，那麼通常是因為施信者認為自己被受信者當成工具所利用，

違背了關心的初衷。如果施信者遭到了受信者的背叛，那麼他的信任繫就難了。

四、正當邏輯下信任的消長與制度的有效性

正當邏輯除了要求受信者有建立信任關係的個人行為和動機外，還要求制度能夠支持那些服務於信任關係的義務，也就是要求制度是切實有效的。

如果信任是建立在正當的基礎之上，它不僅增強了對受信者的信任，而且也增強了對改變和塑造受信者的信念和行為的制度的信任。當某個人建立起對某種制度的信任時，他就會建立起對某種社會結構的信任，這種社會結構包含了親友、陌生人以及形形色色的人們所構成的各種情況。這種信任使得在存在制度規範、實踐、義務和責任的情況下，更容易建立信任關係。正因如此，正當邏輯是產生新的合作性社會安排（尤其是協會和組織）的核心，反之亦然。對制度的不信任會產生更廣泛和更持久的影響，因為它侵蝕著整個共同體或社會的合作能力以及維持其生存和成長的機會。

制度的正當邏輯是信任建立的基礎，是因為制度化的程序和角色能夠引導人們的行為，它們必須要建立在共享的和能夠理解的規範的基礎之上。相互陌生的人們和組織要遵守制度化的規範，必須具備如下條件，這也就是制度的有效性。第一，從信任關係的各方來講，制度的規範性結構必須能夠實質性地保障信任的四個基本因素：收益、可靠性、靈活性和方便性。尤其是它們必須明確行動者的關鍵規範，比如代理人要服從委託人的利益，以及對代理者的執行能力，要求向委託人充分公開代理者的行為等進行精確表述。第二，共享道德規範的道德共同體必須足夠涵蓋施信者、受信者和相關的第三方。第三，實現這些規範的制度化結構（過程、實踐、儀式和角色）必須能夠切實引導施信者和受信者的行為。第四，這些規範必須被各方所內化，並被外在地實施。

註釋

[1] Henry D.Kass，The Logics of Trust：The Foundational Role of Institutions in Building Social Trust，Administrative Theory&Praxis，Vol.18，No.2（1996），pp.57-73.

第三章 政府公信的建立與制度

前文提到過，制度以及與其相聯繫的正當邏輯在信任關係的形成中發揮著基礎作用，這是因為雖然人們彼此陌生，但由於他們處於組織當中，他們的行為受到制度化的程序和角色的引導；然而並不是任何制度都會為人們所遵守，只有那些滿足了一定條件的「有效」制度才能促成或促進信任關係。「有效」的制度要滿足四個基本條件：

（1）制度的規範性結構必須能夠提供信任關係建立的四個因素：收益、可靠性、靈活性和方便性。

（2）信任關係中的施信者、受信者以及任何相關的第三方，必須共享制度化的規範，成為道德意義上的共同體。

（3）實現制度規範的制度化結構（程序、實踐、儀式以及角色等）切實能引導信任雙方主體的行為。

（4）制度規範不僅要外化為信仕關係雙方主體的行為，還要被內化為精神。

政府公信區別於一般的社會信任關係，它不是社會中任何個人間或團體間的信任，而是公眾與政府間建立的信仕關係。這對信仕關係的建立，不是政府靠單方面的強制或威脅而建立的，它是公眾自願地或發自內心地對政府的行政價值、行政行為和後果的認同。政府公信的這種特殊性，使得能夠作為其建立的基礎的「有效」制度也必然是特殊的。

關於第一個條件，作為政府公信基礎的制度，同樣要考慮對收益、可靠性、靈活性和方便性這四個因素的保障。然而，相應於政府公信關係而言，這四個因素有著特殊的含義和表現形式。由於政府公信關係中，信任關係的雙方主體是公眾和政府，是固定的，因此信任關係建立的靈活性和方便性並不是政府公信建立的關鍵問題。這裡需要解決的關鍵問題有兩個，即公眾從政府活動中獲得的收益和公眾信任政府的可靠性。關於公眾的收益，主要體現在政府的行政結果、行政過程和行政價值三個方面；而政府公信關係的可

靠性在於公眾是否能夠有效地制衡政府在權力、知識和訊息方面的優勢，保障自己的應得利益。對這個條件的滿足，主要涉及相關制度的屬性、內容架構以及制度執行方面，本章將在第一節和第二節中做具體分析。

關於第二個條件，在政府公信關係中，對制度化規範的共享，主要取決於政府組織和成員的道德水準和所作所為。因為政府具有強大的道德示範和行為示範作用，它是社會道德的風向標。因此有效的制度需要對政府進行道德規範，如進行政府道德立法、建立政府反腐倡廉制度等，都是建立政府公信所必需的制度。關於第三個條件，由於政府在政府公信的建立中占據主導地位，政府的行政活動是否遵循固定的程序、是否準確定位自己在政治、經濟、社會、文化領域中的角色並切實履行之，都會影響政府公信的建立。這就要求制度能夠對政府角色有一個清晰的定位，並使政府組織和成員對自身角色有所認同，有動力和意願去履行其＋目應的義務和責任。制度不僅要在形式上科學合理，而且要求在內容上具有操作性，不能僵化滯後，要不斷創新。關於第四個條件，意味著制度要與政府的組織文化與社會的整體環境和道德標準相契合，經過政府成員的不斷學習，成為行政理念和行政精神的一部分。對第二、三、四個條件的滿足，本章第三節主要從制度化的政府角色以及制度變遷的角度進行分析。

▌第一節 政府公信的來源與制度

一、給公眾帶來收益的三種行政活動

公眾之所以信任政府，形成政府公信，其中最重要的一個因素，就是政府的行政活動給公眾帶來了切實的利益或好處，即收益。政府的行政活動，可以細分為實踐和理念兩個層次。政府的行政實踐活動包括行政結果和行政過程兩個方面；理念層次的行政活動是指行政活動所體現或蘊含的價值追求，即行政價值。正是在這些不同類型的行政活動中，公眾獲得了各種各樣的收益，產生了對政府的信任。

相應於給公眾帶來收益的三種不同類型的行政活動，政府公信的建立主要可分為三個來源：源於行政結果、源於行政過程、源於行政理念。正是具備一定屬性的不同內容的制度為政府公信的這三種來源提供了有力的保障，從而使政府公信的建立和增長成為可能。

二、源於行政結果的政府公信與績效管理制度

源於政府的行政結果的政府公信，是指在政府制定和實施一定的政策後，公眾因為其利益或福利有所增加而信任政府。學者李硯忠提出基於結果的政府公信，主要也是從這個角度來講的。

筆者認為，由於政府是公共事務的處理者，它在保障公民個人基本權利和利益的同時，也要促進公共利益的實現和增長。因此行政結果不僅表現為個人層面物質生活水平的提高，而且，很多時候，它超越了狹隘的個人經濟利益，表現為心理上的安全、精神上的愉悅以及社會總體公共福利的增長，如社會歸屬感、安全感等個人收益，以及良好的自然環境、社會秩序、經濟持續發展等公共利益。另外，政府帶給公眾的收益，可以是短期的，也可以是長期的，它可以是一次行政過程的結果，也可以是長期的行政過程所累積的成果。但是長遠來看，政府要獲得穩定的牢固的信任，政府給公眾帶來的收益必須是更高尚的和更長遠的，作為執政主體，它應該有更寬廣的胸懷、更具卓越的膽識和更強烈的歷史責任感和使命感。

政府的行政結果給公眾帶來的收益的多少，直接影響著政府公信的建立以及政府公信程度，因此，從公眾利益角度來衡量和判斷行政結果，並透過改善政府決策質量來促進公眾利益的實現和增加，就是關係政府公信建立和提升的重要問題。

就制度涉及的領域和內容而言，能夠給公眾帶來最大利益的制度就是政府向公眾提供的基本公共服務制度。中國頒布的《國家基本公共服務體系「十二五」規劃》指出，基本公共服務範圍一般包括保障基本民生需求的教育、就業、社會保障、醫療衛生、計劃生育、住房保障、文化體育等領域的公共服務，廣義上還包括與人民生活環境緊密關聯的交通、通信、公用設施、

環境保護等領域的公共服務，以及保障安全需要的公共安全、消費安全和國防安全等領域的公共服務。理想而言，透過提供基本公共服務，政府可以縮小貧富差距，使人們的收入更加趨於平等，能夠給公眾提供更多獲得成功的機會，能夠增進公眾的各種福利。有研究表明，人們對政府提供公共服務的滿意度是影響政府公信的主要因素之一。然而，由於提供基本公共服務涉及不同群體間的利益分配和調整，如果在基本公共服務的提供過程中，採取了不恰當的或錯誤的政策，就很容易造成利益分配的不公，惡化社會中不同階層、不同群體間的矛盾和衝突，引發公眾對政府的不滿情緒，加劇官民關係緊張，導致政府公信力下降。政府的提供基本公共服務的效率、普惠性以及公平性是影響政府公信的關鍵因素。這些在基本公共服務制度的設計和執行中必須加以認真對待。

另外，既然政府的行政結果是公眾從政府活動中獲得收益的最直接體現，那麼對政府行政結果的衡量和認可也就尤為重要。政府行政結果主要表現在行政績效上，現在包括中國在內，世界上很多政府正大力推行的政府績效評估和管理制度，恰恰是以行政結果為導向、以公眾利益為導向的重要制度。這一制度的有效實行，必然會為政府公信的建立和增長提供助力。

三、源於行政過程的政府公信與制度屬性、構成和行力

（一）行政過程中影響政府公信的因素

源於行政過程而建立的政府公信，是指公眾因為對政府決策制定過程、公共服務提供過程的滿意而產生對政府的信任。學者 Hibbing 和 Theiss-Morse[1] 指出，政府過程的公平性、開放性與響應性是影響政府公信的主要因素。筆者認為，政府工作人員在政策執行和公共服務提供過程中對不同服務享用者的公平對待、提供服務和解決問題的效率、公眾對其決策制定過程的民主參與，以及政府過程的透明性是影響政府公信建立的主要行政過程因素。即從制度屬性來講，政府公信的建立以及水平與制度的公平性、效率、民主性以及透明性密切相關。

（二）公眾和政府的互動與政府公信的形成

在政府的行政過程中，公眾與政府的互動關係並不是單一的，公眾可能是不同的個人或群體，而其面對的政府可能是直接與其打交道的基層一線公務人員，也可能是間接發生關係的某政府部門管理層或領導，或者是籠統意義上的政府。因此，政府行政過程中公信關係的建立會受到不同因素的影響，存在不同的來源。

具體地，在政府公信關係中，公眾可以由四類人群構成：

一是普通的公民個體，他們作為納稅人、基本公共服務的使用者、被管制的對象等與政府發生聯繫。

二是作為市場經濟主體的企業組織，除了納稅、享受政府的政策補貼等外，他們更多時候是政府管制的對象，由政府對其產品質量、商品交易以及對價格或環境造成的影響等進行經濟管制或社會管制。由於企業經常處於被政府管制的狀態，因此企業對政府的信任關係在政府公信中是一種相對難以建立和維繫的關係，政府獲取企業的信任能力也是政府公信力的最重要的體現。

三是作為社會活動主體的非政府組織，非政府組織與政府的關係主要是在法律和政策支持、參與政府行政活動、在組織和行為等方面受到政府干預等，其對政府的信任也是在這些行政過程中形成的。

四是政府組織內部的民選官員和工作人員，由於民選官員和政府工作人員是制定和執行政策的主體，他們對政府組織本身的認同和信任程度是相對較高的。對應於公眾的不同構成人群，總體上政府公信由四部分構成：普通公民個人對政府的信任、企業對政府的信任、非政府組織對政府的信任，以及政府成員對政府的信任。而根據中國的行政層級，政府可細分為街道、鄉鎮層級主要由一線員工構成的基層政府；省市級政府；以及中央政府三個層級。這樣，不同的公眾群體與不同層級的政府機構和工作人員在行政過程中構成了複雜的行為互動和心理互動，並形成總體的政府公信關係（如圖 3-1 所示）。

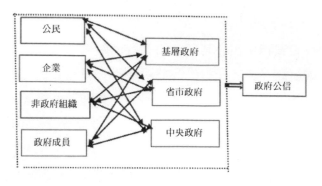

圖 3-1 政府公信的形成

（三）制度為行政過程中政府公信的建立提供支撐

　　西方學者 Thomas 列舉了三種產生政府公信的工具：基於個人特質的信任（characteristic-based），這是經由一個人的有關特徵所產生；基於程序的信任（process-based），這是源自於對互惠（reciprocity）的期待，在這個意義之下，給予信任的公民，將使政府有義務返還相等的「本質性或經濟性價值」的政治產品作為回報。基於制度的信任（institution-based），這是經由直接採取專業標準、倫理法則，或間接透過遵守或執行法律及規範而形成。雖然，在政府行政過程中，這三種政府公信的基礎都會存在，但就構成公眾的不同人群而言，由於他們在政府行政過程中與政府發生的具體關係不同，這三種政府公信建立的基礎之於政府公信的建立有著不同的重要性。當普通個人與政府中的一線工作人員打交道時，建立政府公信的一個首要因素就是一線工作人員的個人特質，如果具體的一線工作人員缺乏良好的態度、專業的技術能力、溝通技巧以及道德修養等特質，那麼他很難獲得個人或企業的信任，此種情況下，政府一線工作人員的個人特質在政府公信的建立中占據相當大的比重；當企業與政府中的一線工作人員打交道時，政府公信除了基於一線工作人員的個人特質外！還更多地依賴於能給其帶來預期恩惠的程序。當然這些程序常規化和固定化之後，就會形成一系列的制度，因而制度也就代替程序成了企業與政府之間信任關係建立的重要基礎。在非政府組織和政府內部成員對政府的信任關係中，互惠的程序和制度的存在，也是信任建立的較重要的基礎。

然而，不論是政府工作人員的個人特質，還是給普通個人、企業、非政府組織、政府內部成員帶來恩惠的程序，都可以透過建立適當的制度為其實現提供一定程度的保障。因此，歸根結底，總體上政府公信的建立關鍵，還是要依賴於適當的制度的支撐。

四、源於行政理念和價值的政府公信與制度

每個政府都有自己的行政理念，在這些行政理念的指導下從事行政活動。行政理念由一系列行政價值構成，它是政府在從事行政活動中所追求的價值取向，是行政的精神，這種精神的感召力是最強大的也是最深刻的。從深層的意義講，政府公信源於公眾對政府行政理念或價值的肯定和認同。政府行政的理念或價值追求是什麼，不只在於政府自身的倡導和堅定不移地實踐，更在於公眾對政府所制定的政策及政策執行中所得到的實惠以及行政態度和文化的長期收穫和體會。

一個全心全意為人民服務的政府，一個始終代表人民利益的政府，一個負責任的政府，一個不斷求真務實、堅持改革和不斷創新的政府，一個公正廉潔的政府，一個法治的政府，必然是為公眾所信任的政府。源於政府行政理念和價值的政府公信，給公眾帶來的收益是精神和文化上的，它使公眾對政府領導下過上更加美好的生活充滿盼頭，對國家和民族的未來充滿信心和希望。這樣的政府公信的建立，基礎是牢固的，其維持更為長久。

要提升政府公信，政府的各項制度的設計和運行就要充分地體現政府的行政理念和價值，使制度的形式和內容與行政理念和價值融合在一起。

總之，什麼樣的制度才有利於政府公信的建立呢？首先制度要具備促進政府公信建立的一系列屬性或品質。前文提到過，行政過程中影響政府公信的主要因素包括如下幾種：政府是對不同服務享用者的公平對待、提供服務和解決問題的效率、公眾對其決策制定過程的參與、政府行政過程的透明性等等。基於此，有關規範行政過程的制度要具備公平性、效率、透明性，以及民主性。其次，要有具體的制度內容架構保證行政過程的良性運行和行政結果給公眾帶來福利。目前來講，這些制度安排主要包括行政問責制度、績

效管理制度、基本公共服務制度、民主參與制度等。最後，制度要在實際執行中取得預期的績效，即制度要有執行力。這就要求制度不僅要具備一定的品質和內容體系，還要求它與其所處的社會、經濟、文化等背景相適應，不能脫離其所運行的環境，不能不切實際、形式化或僵化滯後。同時政府內部要具備科學有效的政策執行制度，防止「上有政策、下有對策」，防止惡劣的「潛規則」大行其道，虛化和架空明文制度。

註釋

[1] Hibbing，J.R.and Theiss-Mor se，E.Process Preferences and American Polit i cs：What the People Want Government to Be[J].American Political Science Review，2001，95（1）：145-153.

▌第二節 政府公信的可靠性與制度

一、政府的優勢地位弱化政府公信的可靠性

政府由於擁有公共權力、由掌握專業知識的精英組成、在行政活動中壟斷著大量訊息，即從權力、知識、訊息等各方面來講，政府都處於相對於公眾的絕對優勢地位。

由於政府處於優勢地位，政府的優勢地位使得政府公信的可靠性保障變得脆弱。如果政府官員和工作人員濫用手中的權力，壟斷各種行政知識和訊息，公眾就很容易被欺騙，其利益很容易被剝奪，政府官員更容易從事以權謀私等腐敗行為。在腐敗盛行、公眾基本權利得不到保障的情況下，公眾就不會再信任政府，政府公信會迅速消解，政府公信度會迅速降低，甚至一落千丈，政府公信力就無從談起。

二、增進政府公信的可靠性與制度構成

政府公信關係的可靠性主要取決公民能否對政府權力實施有效的制衡和對行政活動進行有力的監督，而這些需要依靠相關的制度提供有效的政府監督和制裁機制。如果政府的失責或失信行為能夠被公眾廣泛知曉，並能夠透過內部或外部的監督機制受到相應制裁，那麼公眾就會對政府的預期行為產生更高程度的信任，而這就是有效的行政問責制度所針對的內容。有效的行政問責，不僅需要政府訊息公開透明，而且需要進行有效監督和制裁，也就

是說訊息公開制度、行政監督制度、責任追究制度可以統一放在行政問責制度體系之下，共同構成行政問責制度體系的三個子制度體系。

很多學者認為，腐敗是影響政府公信的重要因素之一，反腐倡廉制度是確保政府公信的一項關鍵制度。反腐倡廉制度可以透過制定官員的行為準則、道德行為規範以及官員財產登記、用人上的迴避等，促進政府行為的公正廉潔，防止政府機構及其人員的以權謀私等腐敗行為。只有公正廉潔的政府才是值得公眾信任的。對於政府官員來講，公正廉潔是一個複雜的道德問題。政府官員要遵守基本的法律條文的規定，比如要避免私人利益與公共利益發生衝突或者進行財產披露等等，他還要遵守更高的道德標準。因為他們是政府形象的象徵，是各大媒體所關注的公眾人物，政府官員的政策制定和執行中的每個行動都具有重要的道德含義。因此在很多國家，不僅透過詳細的道德立法來規範政府官員的行為，而且還設立了特別的調查和強制執行機制，包括接受禮品限制、迴轉門限制、財產披露、限制以公謀私等。有的還訂立道德培訓課程，以讓政府工作人員清楚地瞭解他們的權利和責任。政府官員的行為要以法律為底線，還要高於法律。要具有道德良知和正義感，形成政府美德。這樣的政府才是具有道德魅力的值得公眾信任的政府。廣義地講，反腐倡廉制度也可以作為一項子制度納入行政問責制度體系之中。

因此，行政問責制度體系包括訊息公開、行政監督、責任追究、廉潔反腐等四項子制度（如圖 3-2 所示）。

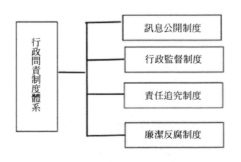

圖 3-2 行政問責制度體系構成

　　增進民主參與，也是提高政府公信的可靠性的主要途徑。民眾透過參與政府的決策制定和執行，可以更充分地表達自己的利益和訴求，可以與政府達成更廣泛的共識，可以有效防止政府濫用權力和侵犯公眾的利益。有效的民主參與制度是政府公信的可靠性又一大制度保障。

　　值得注意的是，任何一項制度雖然都是由一整套規則和程序所構成的相對獨立的制度體系，然而有時各項制度之間又是相互交叉和重疊的，它們彼此相互支撐，很難完全劃清它們之間的界限。例如，民主參與制度，可以規定公眾對政府績效評估、對政府問責等制度制定和執行的參與，行政問責制度也可以同時規定政府對其行為和活動等相關訊息進行公開。然而，訊息公開制度並不完全是用於行政問責，它有時也是徵集公眾意見、回應公眾訴求的手段，因此，訊息公開制度又可以成為獨立的制度體系，如很多國家都制定了單獨的《訊息公開法案》，就是這方面的一個體現。因此我們必須認識到，制度之間既相對獨立，同時又相輔相成，它們共同對政府的權力和行為進行規範、制約以及協調。

三、政府公信與制度的關係模型

　　由於政府公信關係中涉及的是公眾對政府的信任，信任的雙方都是固定的，因此它不存在一般信任關係建立中所考慮的信任關係建立的靈活性與方便性的問題，此處不再贅述。

　　總之根據前文分析，我們弄清了政府公信的三個來源：行政結果、行政行為和行政價值，以及相關制度如何透過增加政府活動給公眾帶來的收益和增強政府公信可靠性。據此我們可以歸納出政府公信的建立與制度的屬性、構成以及執行力之間的關係模型，這一關係模型如圖 3-3 所示。

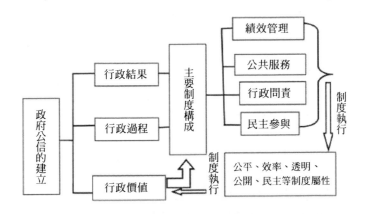

圖 3-3 政府工信與制度的關係模型

　　政府公信的建立不是一朝一夕的事情，它有著創建、維持、增長或衰退的階段或變化過程。Lewicki 和 Bunker[1] 在談到政府對企業的信任時，提到了三個連續遞進的信任階段，基於理性計算（calculus-basedtrust）的信任、基於瞭解的信任（knowledge-basedtrust）以及基於認同的信任（i-dentification-basedtrust）。基於理性計算的信任，建立在政府機構對企業違規行為進行懲罰的基礎之上，這是一種最低限度的信任；基於瞭解的信任，是政府機構瞭解企業的經濟理性，並且知道企業如何在利潤最大化與受到懲罰的損失和作弊行為被髮現的可能性之間做出權衡，在此基礎上對企業的預期行為的信任。基於認同的信任，是最高階段的信任。建立在相互的理解以及對彼此規範和價值的互相賞識的基礎上。

　　依照此邏輯，筆者認為，政府公信的建立同樣可以存在這三種相互遞進的基礎和過程，即從基於理性計算的信任到基於瞭解的信任一基於認同的信任（如圖 3-4 所示）。

圖 3-4 政府公信建立的三個遞進過程

公眾對政府的信任可以基於政府行為對自身帶來的利弊得失的衡量；可以基於瞭解政府考慮維護自身地位，獲得人民的擁護，或擔心聲譽和形象受損等，而相信政府；也可以經過長期的互動過程，公眾與政府之間擁有更加一致的價值追求，因而更加相互信任。這三種連續的遞進的信任與行政結果、行政過程和行政價值這三個政府公信的來源是相一致的。對於任何政府來講，達到價值認同上的公眾信任都是一個最高目標，而這一最高目標的靠近和最終實現，不可避免地仰賴於那些對行政結果和行政過程進行規範並且彰顯行政價值的制度。

因此考察現有制度的屬性如何，內容架構是否全面合理，制度執行是否有力順暢，如何進行改進，這些對於如何建立、維持和增進政府公信力尤為重要。

註釋

[1] Lewicki，R.J.，&Bunker，B.B.（1995）.Trust in relationships：a model of trust development and decline.In B.B.Bunker&J.Z.Rubin（Eds.），Conflict，cooperation and justice（pp.133-174）.San Francisco：Jossey-Bass.Lewicki，R.J.，&Bunker，B.B.（1996）.Developing and maintaining trust in work relationships.In R.M.Kramer&T.R.Tyler（Eds.），Trust in organizations：frontiers of theory and research（pp.114-139）.Thousand Oaks：Sage.

▌第三節 政府公信、政府角色與制度

一、政府角色對政府公信的影響

從政府角色的意義上來講，政府應該扮演什麼角色以及實際上扮演了什麼角色，形成了政府公信建立以及影響政府公信程度的重要因素。公眾之所以信任政府，是因為他們相信政府正在做應該做的事或符合制度規定的事，這是公眾對政府角色的公共期望。政府實際上在什麼程度上達到了這種期望，與公眾對政府的信任水平或程度緊密相關。學者劉雪華認為[1]，政府公信關係是由民眾對政府的合理期待與政府有效回應民眾需求的互動所決定的，也就是說，政府越是能夠有效回應民眾的需求，滿足民眾的合理的角色期

待，則越具有較高的公信力，反之則公信力降低。李硯忠進一步指出 [2]，政府公信度是公眾對政府的角色認知與公共期望之間的落差大小。即政府公信度＝公眾對政府角色的認知／公共期望，公共期望的提高會導致其對政府滿意度的下降，從而產生對政府信任的不利影響；而一旦公共期望確立後，公眾對於政府整體角色與運作的認知越趨向正面，對政府的信任度越會隨之提升。也就是說，政府信任或不信任的最根本的原因在於民眾對政府的期望與認知的相對剝奪感和失落感。公眾對政府角色的認知，若進一步細分，可以區分為長期累積的對公共部門的觀感，以及短期形成的對於政府施政績效、特定政策選擇、政治人物的誠信的觀感等。公眾的公共期望，在概念上也可區分為兩個方面：第一個方面是民眾對政府公共政策和服務的希求或需要（want），亦即主觀上民眾希望哪些公共服務能被提供。然而，意願上希望獲得某些東西並不等於判斷上預期政府會滿足這些欲求。因此，公共期望的另一個方面則是預期（anticipation），亦即猜想政府實現其希求的機率有多少。

筆者認為，既然可以透過制度來規範政府的角色，那麼它會同時影響公眾對政府角色的認知和對政府滿足其希望和需求的預期，從而影響政府公信的建立以及政府公信的程度。

二、政府角色的定位與制度化

（一）政府角色與職能的關係

政府職能是指政府在一定時期內根據國家和社會發展的實際需要，所發揮的功能和作用。本質上，政府職能是一個由權責關係的靜態分割和動態運行所構成的體系，它可以細分為職能目標、範圍、重心、行使方式等要素。政府的職能目標是政府行政理念的具體表達，例如中國現在講要建立責任政府、公共服務型政府，就是當下中國政府的主要職能目標。職能範圍是指政府權力所要干預的領域、邊界和強度，比如中國政府將其職能範圍限定在四個方面：經濟調節、市場監管、社會治理和公共服務。政府的職能範圍不只是簡單地涉及哪些領域歸政府管，而且涉及政府干預的邊界和強度，也就是說政府權力的干預不應該是全面控制，政府與市場、社會之間要有權力的分

野和相互配合，在行使自身職能的同時，使市場和社會也能各自發揮應然的作用，使整個社會充滿活力。職能重心是指政府應該將精力和資源放在優先領域和事項上，隨著社會環境的變化，政府的職能重心要做出相應的調整。行使職能的方式涉及政府的用權方式及所使用的政策工具，如法律、行政命令、經濟制裁等都是行政職能的方式。

政府角色，是指政府在履行行政職能過程中所體現出來的身份、地位和行為模式。實質上大多時候政府角色與政府職能是兩個可以互通的概念，它們都是指政府在整個廣義的社會生活（包括狹義的社會、政治、經濟、文化）中發揮什麼樣的作用，承擔什麼樣的任務和責任，其關注的焦點是政府對整個社會的干預範圍、重點事項、程度和方式。

但政府角色與政府職能存在著細微的差別。政府職能更強調一般情況下的政府作為，雖然它可細分為中央和地方政府的職能、各個政府機構的職能，但它仍是一個更具有整體性的概念；與之相比較，政府角色更強調在具體情境下的政府作為，它可以是政府的整體角色，也可以細分為政府各個層級和組成機構的角色，乃至細化到政府的具體組織中具體職位上每個成員的角色。政府整體角色的實現依賴於構成政府的每個具體成員對角色的認知和實現。使用政府角色的概念可以將組織中的個人與制度化的組織結構和程序相聯繫，有助於分析和考查制度如何塑造政府機構和成員的角色，以及如何塑造政府的整體角色，尋找促進政府角色更加合理化和優化的制度方案，從而進一步提升政府公信力。

（二）政府角色的制度化

定位政府角色，主要是要釐清它與其他社會主體的權力界限和關係。在社會結構分化和職能分工的基礎上，當代社會主要由三大主體構成：政府、市場和民間社會。規範意義上，政府主要由選舉產生的政府領導和常任的文官組成的科層制組織，是社會管理者和公共服務的提供者。它是公共權力和公共利益的代表，透過行使公共權力，處理公共事務，調節不同利益主體間的利益分配，維護社會的正常秩序，實現並增進公共利益。市場由企業和消費者構成，企業透過公平的市場競爭進行商品的生產、交換、流通等經營活

動，以實現自身經濟利潤的最大化，而消費者同時以公道的價格消費從企業那裡購買商品和服務，以滿足自身的生理、心理或精神需求。民間社會主要由各種志願性的非營利的社會組織構成，它們主要為人們提供社會服務、參與社會管理、促進社會公益事業，調節人際交往中的糾紛，以此維持和增進社會的穩定、舒適與和諧。政府、市場、民間社會這三大社會主體有著不同的組織結構、職能分工、有著各自的優勢和資源，處理好三者之間的權力界限和相互關係，三者形成良性互動，共同促進社會發展，是一個重要的政府治理問題。

在現代法治社會，政府、市場和民間社會這三者權力界限以及相互關係的界定，是透過各種制度的建立和實施來實現的。這些制度表現為各種形式的具有規範性的文件，如法律、規章、條例、辦法、指南等，並且它們都要經過法定的程序產生法定效力。任何主體對制度的違反都要受到相應的懲罰或制裁，承擔相應的法定責任。

政府角色的制度化是一個長期而又複雜的過程，主要包括制度創設、制度認識和學習、制度的終結或變遷等幾個階段。

首先是創設制度。由於政府本身就是一種正式的「制度」安排，政府組織的建立本身就意味著政府角色制度化的開始。按照結構功能主義的分析，政府是一個制度化的結構，它透過將組織政府成員的個人設定為各種角色而鑲嵌在政府組織結構之中，不管組織成員是否會扮演他在組織中的特定的角色，制度化的結構都會繼續存在。也就是說個人就是組織中的螺絲釘，放在哪個位置，就會發揮哪個位置的作用，扮演既定的角色。整個政府組織的角色也就是構成它的每個個人扮演其角色的綜合結果。此外，政府不僅要為自己創設制度結構和保障其自身運轉的制度規則，而且還要為市場、民間社會等其他主體創設相關的制度，以規範他們的結構和運行。

接著是角色的認知和學習過程。制度的創建使得角色就固定在政府組織的結構中，然而政府組織不是靜態的無生命的建築，它運轉起來才能發揮作用，而它的運轉，依賴於占據每個職位的成員對職位角色的認知和扮演，這就是制度的學習過程。組織成員要對如何扮演職位角色形成較為廣泛的認同，

只有這樣他的行為才會符合制度規定的角色，才能達成組織的整體目標。並且，公眾也會在與政府的互動中，逐漸認知政府角色及其政府成員的角色，並形成自己的評價和印象，從而與政府形成一定的社會關係或信任關係。

這裡需要注意的是，實際上作為行動者的個人的行為並不是由組織結構單方面決定的，他與組織結構之間是一個相互塑造的過程。吉登斯的結構化理論認為，任何社會關係的產生，都是行動者在既定的社會結構中透過實踐活動產生的。[3] 因此，筆者認為，無論是政府內部成員對政府角色的認知和學習，還是公眾對政府角色的認知和學習，都同樣適用這種分析。我們不能只停留在制度結構層面來解釋政府公信，我們更需要的恰恰是對行動者和結構之間互動過程的關注，這也是關係制度有效性與執行力的關鍵。在政府角色的形成過程中，從處於政府組織中的個體行動者來看，可以分為四種類型的互動過程：

一是個體行動者自身內部的互動，即個體對職位角色的自我想像和認知；

二是個體行動者與所處的結構的互動，即個體透過在組織結構中的工作實踐後形成的角色認知和學習；

三是個體行動者之間的互動，不同的個體行動者或處在同一政府組織內部的相同或不同職位，或處於不同組織的某個職位，經過互動後形成的職位角色的相互認知和影響；

四是不同結構間的互動，例如在政府、市場和社會三個不同的結構間的互動關係會共同塑造三者的不同角色，產生不同的信任模式和程度。

因此政府角色的形成和政府信任是一個複雜的多個個體與結構間的相互互動過程，關於政府角色的制度設計和執行應當考察不同互動過程中存在的規律和特點，從而儘可能地保障制度的有效性和執行力。

制度的學習，有時並不如人們所期望的那樣是促進對制度的理解和認同的過程。為了規定角色，制度的設立者會使用一系列詳細規範，然而在對這些規範的學習中，人們往往會斷章取義，或者墨守成規，結果做出與制度角色不符甚至相悖的行為。

　　最後是制度的終結或變遷。人們決定是否扮演制度角色，除了受明文規定的制度影響外，還會受到潛規則、個人偏好以及對個人利益的理性計算、整個社會環境變化等的影響。當這些影響與當初創設的制度相比，更能決定政府成員的實際角色時，說明原有的制度效力受到了嚴峻威脅和挑戰，原有制度的價值與政府成員實際追求的價值存在明顯的矛盾和衝突，此時制度就會走向終結或者尋求變遷。

三、中國政府角色的目標定位與制度建設

　　隨著社會、經濟和文化等的不斷發展和變化，政府的角色和職能也需要做出不斷的調整，使其與所處的行政環境相適應，因為只有這樣的政府治理，才稱得上良性的治理。在政府的良性治理下，公眾的公共利益才能更好地得到實現和增長，公眾對政府的信任才會不斷增加，政府也才具有著更強的政府公信力。

　　當下中國政府的角色處在政治、經濟、社會、文化等的全面發展與轉型期，適應這些行政環境的發展與變化，政府的角色需要做出相應的調整與重新定位，主要是界定政府與市場、政府與社會之間的權力界限和相互關係。

（一）政府是有限的市場監管者和構建者

　　公共利益監管理論認為，政府監管可以糾正市場失靈，保護公眾利益，提高整個社會的福利水平。市場失靈是指市場本身不可克服的侷限性使市場機制不可能實現「帕累托最優」，即資源的最優配置、最優的產出數量以及產品在消費者之間的最優分配；並且市場的運行會對整個社會產生不利的影響，如導致社會不公，拜金主義的盛行和非經濟領域的泛商品化等等。因此，單純依靠市場主體調配社會資源的方式顯然是不現實的。市場不能提供社會所需要的所有商品或服務。在這種情況下，政府可以透過制度安排來調整社會不同階層以及不同利益集團的利益分配狀況，使利益分配接近公平，或從總體上增加社會的總福利。庇古指出 [4]，在特定的條件下，收入的再分配能夠提高社會的福利水平，根據「效用遞減規律」，可以得出這樣的命題：任何能夠提高窮人手中實際收入的絕對份額的行動，只要從任何角度看都不會

引起國民收入規模的縮減，通常就會提高經濟福利。透過政府監管可以促進社會公平。

政府是公民利益和公共利益的服務者，意味著要理解公民的需要和訴求，在財政資金有限的情況下，以實現和追求人民利益和公共利益優先，而不是汲汲於政府部門利益或官員個人利益，即政府官員不能與民爭利。這是一種應然的假設。然而在實際的政府活動中卻出現了眾多政府官員侵害公共利益，利用權力中飽私囊的現象。公共選擇理論對這種現象進行了闡釋，對政府干預的理由和限度提出了質疑，並指出只有在其他一切手段都證明無效之後，才可以使用政府干預來解決經濟問題。政府應儘量選擇放鬆對市場的監管。公共選擇理論認為，政府官員是理性的經濟人，也會追求自己的私人利益，強化其尋租趨勢。美國經濟學家查爾斯．沃爾夫認為，「非市場活動，不管是試圖克服市場分配的不平等還是補償其他市場活動的不充分性，都很有可能是它們自身就產生了分配的不平等。由非市場活動所產生的分配不公平通常不是集中在收入或財富上，而是集中在權力或特權上。」[5] 肯尼斯．謝普斯勒（Keneth Shepsle）[6] 認為，政府進行分配和監管的主要受益者是政治官員、政府官僚，以及受惠部門的所有者及工人，而不是普通大眾。這是因為有組織的團體比普通大眾有著更大的動機去影響監管政策。從成本收益的分析角度講，普通公民影響監管政策的成本相對高昂，而收益卻微乎其微。

筆者認為，就市場與政府的關係而言，不存在理想的市場，也不存在理想的政府，現實中的市場和政府同樣都不完美，我們不能指望用誰去完全替代誰，而是要根據具體的情境來確定和調整二者之間的界限和關係，迷信任何一方都是不明智的。為了防止政府對市場的過多干預，政府在制度建設上需要加大對政府權力的削減和制約，在減政放權的同時，進一步完善績效管理制度、行政問責制度、民主參與制度。另外，需要注意的是，在中國這樣一個發展中國家，市場體制在某些方面的發展還不夠成熟，比如市場價格有時會因為行政壟斷或其他因素而偏離僅由市場供求因素所決定的水平，發生嚴重的扭曲，因此政府在作為市場監管者的同時，還要為市場的進一步發展和良性運行提供有效的制度安排，因此在這種情況下，政府還兼具市場構建者的角色。

　　凱恩斯主義的經濟政策證明了利益不宜由權力或官僚機制來分配，官僚組織是低效的資源配置者。而 20 世紀蘇聯等國計劃體制的失敗，使西方人對從上至下的等級控制模式——官僚制——的無效性更是深信不疑。在他們看來，官僚制行政組織或者大政府會造就貧窮的社會。市場經濟本身在實踐中雖有失敗的情形，但在恰當的政府規制下，能促進經濟增長。所以應當將利益分配和資源配置的任務留給市場經濟及市場競爭機制，儘量縮小政府干預的範圍及官僚機制的作用。在政府權力作用的範圍內，能由市場機制提供的服務優先採用市場機制，以充分發揮市場機制高效配置資源的作用。美國雷根於 1980 年，英國柴契爾夫人於 1979 年大選獲勝後，都著手推行公共部門改革。改革的原則之一就是使政府所轄的事項變少，使政府變「小」。1983 年澳大利亞的霍克．基廷政府、1984 年當選的新西蘭的蘭格．道格拉斯政府和加拿大的穆羅尼政府也開始採用類似於英美的「小政府」政策。經濟合作與發展組織也加入到類似的改革的隊伍中。這些國家公共部門改革計劃是相似的，包括商業化、公司化、私有化、公共部門放鬆管制、下放管理責任、績效監控和合約外包等，這就是人們常說的新公共管理改革。由於新公共管理已經波及廣大的發展中國家，新公共管理改革似乎成為一種世界性的行政改革運動。中國 20 世紀七八十年代以來的行政改革也深受新公共管理改革運動的影響。中國的行政改革，應當汲取新公共管理改革的成果，借鑑其中的改革智慧。比如，重新審視政府應該做什麼、應該付出什麼，哪些是政府應該付出卻沒有付出的，哪些是既沒有去做也沒有付出的；削減公共服務的規模，政府專事核心的職能，對政府不得不做的事，要經過市場檢驗，如果市場更有效，就可以利用市場機制，透過承包制之類的方式來提供公共服務；顧客取向，包括對公共服務提供明晰的質量標準；實行標竿管理和績效評估；簡化規制、降低成本的改革；等等。

　　1997 年世界銀行發展報告將政府的基本職能概括為：

　　（1）確定法律基礎；

　　（2）保持一個未被破壞的政策環境，包括保持宏觀經濟穩定；

　　（3）投資於基本的社會服務和社會基礎設施；

（4）保護弱勢群體；

（5）保護環境。

中國在市場化及行政改革過程中，胡錦濤、溫家寶提出政府有四種職能：宏觀調控、市場監管、公共服務和社會管理。胡錦濤、溫家寶的「四職能說」與世界銀行的「五職能說」幾乎如出一轍。

（二）民間社會是政府與市場的制衡力量，政府是合作夥伴

「民間社會」是一個最早源於西方的概念，西方學者普遍認為，民間社會是指獨立於國家的領域，其形成的最低標準是「存在不受國家權力支配的自由社團」。這個概念是建立在國家與社會的二元劃分基礎上的，其假設是國家與社會之間有著明確的界限和分野。按照西方民間社會的這個概念，中國並不存在成熟的西方意義上的民間社會。筆者認為，在中國，民間社會是獨立於國家和市場之夕卜的一個制度空間和行動領域，理解民間社會必須將其放在與政府和市場的關係之中加以把握。厄普霍夫等人就認為，民間社會就是介於國家和公民之間的一個社會緩衝帶和過渡層，各種機構構成一個「連續統一體」，其中許多部門都具有國家機構和社會組織的雙重功能和特徵。[7]民間社會實質上是一種與政府權力和市場權力相制衡的力量。一方面，民間社會透過建立各種非政府組織、志願性社團 " 慈善組織、協會、社區組織等，透過法律途徑以及民主參與等制度，監督政府活動，向政府表達和維護公民的利益和需求，與政府形成利益抗衡；另一方面，它透過建立各種社會規範和制度安排，如成立工會、合作社，成立為了爭取減少工作時間的工廠運動組織，來抵禦市場的侵蝕並對市場行為進行規制。

當然，民間社會的發展也不是無限制的，它不能隨意地擴張其權力，對社會領域之外的事務進行不正當干預。這是由於社會組織的產生和發展有很大的自發性和隨意性，其集體行動的目的往往侷限於部分社會成員的利益，並且在社會組織內部會形成特殊規則和超強的凝聚力，會對組織外部利益主體產生天然的排斥。社會組織的權力一旦擴張到更大的社會空間，可能會導致社會衝突和動盪。比如有些宗教信仰組織的發展，需要受到政府一定程度

的引導和限制，否則，若任其隨意發展，將會給整個社會的穩定和諧帶來危害。歷史上曾經出現的政教合一政治，就是這方面給人類帶來的沉痛教訓。

在中國，民間社會領域的發育長期受到政府的過多干預和控制，因此發展較為緩慢，社會組織缺乏足夠的自主性和活力，遠沒有造成足夠的與市場和政府相抗衡的作用。因此除了政府向社會讓渡出權力外，政府還要主動制定出各種制度扶持社會組織的發展。如放鬆某些社會組織建立的條件、向社會組織進行財政撥款或賦予其收費特許權，等等。

（三）政府元治理角色下的多元主體共同治理與制度

治理理論認為，國家的權力中心並不是只有政府。除政府外，社會力量也可以致力於某種社會問題的解決，在參加政治、經濟與社會事務的管理與協調等方面發揮重要作用，承擔起傳統上屬於政府的一些職責。治理理論提倡在多元主體各主體間達成共識、共治、共享，主張在解決公共問題上進行廣泛的合作，包括國家與民間社會的合作、政府與非政府組織的合作、公共機構與私人機構的合作，所有這些構成整個治理體系以及體系的運作方式。這種合作的共治模式建立在廣泛協商基礎上，摒棄了傳統官僚制中依靠等級權威的命令控制模式。新的治理模式可以促進訊息的產生和交流，可以透過平等的協商增進溝通，減少隔膜和誤會，使矛盾和衝突的可能性降低，由政府、社會和市場等主體相互協作，共同處理面臨的社會公共問題。政府、市場、社會的多元共治，使三者各就其位，相互制衡和合作，形成理想的善治格局。

隨著社會的發展轉型，越來越多國家的政府認識到治理理論所提倡的治理理念和模式的正確性。當下，中國政府提出「要實現政府治理體系和治理能力的現代化」。筆者認為，在政府的主導下，適當地向市場和社會放權，充分調動和發揮他們在公共事務中的作用，促進政府、市場、社會等多元共治模式的達成，應是政府治理體系現代化和治理能力現代化的題中之義。

在這種新的現代化的多元共治的治理結構中，政府充當的是治理（meta governance）的角色，主要對公共事務的管理進行指導，並且確立行為準則和規範。具體說，政府的元治理角色是：

　　第一，進行機構設計和制度設計，提出遠景設想。政府應該努力培育和促進各個領域裡的社會組織的發展，並且使各個社會組織的目標、地理空間、職責任務等方面相互協調。

　　第二，透過制度的建立提供各種機制，促進組織間的功能互補、物質等資源的相互依存和優勢互補。

　　第三，促進共同願景的達成，創新制度安排，鼓勵新穎的活動形式，豐富和完善現有的治理模式。由此來看，政府元治理角色的實質內容就是為整個社會提供製度設計，並切實地促進制度的執行。

四、政府角色轉變與制度創新

　　政府角色的定位與轉變依賴於制度的創新。根據新制度主義的概念框架，制度創新就是制度變遷，不是指制度變化的泛指，而是特指用一種效率更高的制度替代舊有制度。沿著規範制度主義的正當邏輯的分析，制度代表了制度化的價值，制度的變化來源於「價值的衝突」。當規則所反映的價值與社會產生矛盾和衝突時，制度就會透過學習和適應逐漸調整。

　　制度創新的動力來源於制度創新主體的利害得失衡量。如果主體認識到可以從制度創新中獲得預期收益或避免損失，就會去嘗試變革制度。制度供給、制度需求"制度均衡與非均衡形成了整個制度變遷的過程。制度的供給是對制度的創造和維持，每一種制度供給的實現也就是一次制度創新；制度的需求是指當行為者的利益要求在現有制度下得不到滿足時產生的對新的制度的需要。制度創新是從制度的非均衡開始的。對於政府而言，政府角色的轉變也意味著政府的原有角色不適應當下的政府治理環境，原有對政府角色的制度化規定已經不能滿足人們對政府的期待，制度的供給不能滿足需求，陷入了非均衡狀態，在這種情況下，政府作為制度的供給者，必須要改進原有制度，進行新制度的供給，也就是進行制度創新，促進制度均衡。

　　制度創新模式主要包括兩種：一種是自下而上的誘致性制度變遷，它是由個人或一群（個）人，在響應獲利機會時自發倡導、組織和實行的新制度

安排的創造；一種是自上而下的強制性制度變遷，它由政府透過發佈命令和實施法律而強制推行。

當下中國政府適應社會發展的需要，從策略高度提出要轉變政府職能和政府角色，提高政府公信力，以此進行的制度創新主要是由政府主導的自上而下推動；同時，中國的市場主體和民間社會的發展逐漸自發地進行制度創新，在這種情況下政府也大力提倡發揮市場和民間社會的積極性、主動性和創造性。因此，中國在轉變政府角色中的制度創新總的來講是以自上而下為主的上下結合模式。政府角色轉變和制度創新不能過於緩慢，這會導致中國社會發展滯後，缺乏生機和活力；也不能盲目推進，導致社會出現劇烈變化和動盪。政府角色的轉變和制度創新應該是一個有序、漸進、利益增量、不斷向人民釋放改革紅利的過程。

註釋

[1] 劉雪華 . 中國政府公信力提升問題探析一以政府職能轉變為視角 . 理論學刊 .2011（9）.

[2] 李硯忠 . 政府信任：一個值得關注的政治學問題 . 中國黨政幹部論壇 .2007（4）.

[3] 程情 . 政府信任關係的研究路徑與緣起 . 社會科學研究 .2005（4）.

[4] A.C.Pigou.TheEconomicsofWelfare.London：Macmillan，1932，P89.

[5] [美] 查爾斯 . 沃爾夫 . 市場或政府 . 謝旭譯 . 北京：中國發展出版社，1994.

[6] Shepsle，K.Theprivateuseofpublicinterest.Society，1980，17（4），35-41P.

[7] Uphoff，Krishna，N.Civil society and public sector institutions：more than a zero-sum relationship.Public Administration and Development，2004，24（4），370-371P.

第四章 制度視野下中國政府公信力評價

▌第一節 政府公信度的評價方法

一、主觀性的民意調查分析法

在美國，有很多民意調查機構對美國政府的公信度進行調查和評估。Gallup、《紐約時報》、《華盛頓郵報》、ABC、CBS 等都進行過這方面的調查，他們一般向公眾提問：「你有多少時候認為你相信政府在做正確的事？」對這一問題的答案分為「總是」「大多時候」「有時」「從來不」等四個層次。然後對調查結果進行數據分析，測出總的公信度水平。

XiaoHuWang[1] 在探討公共參與和政府公信度的問題時，設計了對政府公信度的測量方法。他將總體的政府公信度按照公眾的不同構成人群分為公民對政府的信任度、民選官員對政府的信任度、企業對政府的信任度等三個部分；並將對政府的信任的程度分為五個範圍強度，分別是強烈贊同（權值為 5）、贊同（權值為 4）、一般（權值為 3）、不贊同（權值為 2）以及強烈的不贊同（權值為 1）。最後根據調查數據，計算出總的政府公信指數（見表 4-1 的示意）。

表 4-1 總體政府公信度的主觀測度設計

公共信任	贊同程度（百分比）
公民對政府的信任：多數公民相信地方政府…… 能被信任 履行其承諾 是能勝任的 公民對政府的信任指數（平均值）	—
民選官員對政府的信任：多數官員…… 相信行政部門 相信行政部門履行對公民的承諾 相信行政部門是有效能和效率的 民選官員的信任指數（平均值）	—
企業對政府的信任：多數企業和非營利組織…… 相信行政部門 相信行政部門是有效能和效率的 相信行政部門是能勝任的 企業對政府的信任指數（平均值）	—
總體政府對公信指數總平均值	—

　　主觀性的民意調查測量政府公信度的方法，依賴於大量的樣本數據的獲取，以及各種數據處理技術，基本上可以反映政府的總體公信程度。然而它過於籠統和主觀，不能對影響政府公信的因素做出具體的指向和解釋，也不能對人們的主觀心理機製做出令人信服的分析和邏輯推理，它對於政府當局而言可以作為瞭解民意的工具，但卻不能對政府提升公信力提供更加具體的、客觀的和更具操作意義的指導和建議。

二、標準及指標評估法

　　為了進一步找到影響政府公信的因素，對政府公信程度做出更為全面的評價，中西方的學者都在努力地提出評價政府公信程度的標準並試圖構建指標體系。波蘭著名社會學家彼得．什托姆普卡指出人民對於國家（政府）的

信任是由七項要素構成：規制（regularity）、效率（efficiency）、可靠性（reliability）、代表性（representativeness）、公平性（fairness）、負責性（accountability）以及善心德行（benevolence）[2]。綜合中西方學者們的看法，他們幾乎一致認為政府的效率、公平、腐敗以及公眾對政府提供公共服務的滿意度等都會對政府公信程度產生影響，有的學者還對這些因素進行了更加細化的指標設計。

中國有些學者從價值層面提出了政府公信力的評價標準。例如，唐鐵漢等人認為[3]，政府公信力的價值評價標準主要體現在政府的誠信程度、服務程度、依法行政程度和民主化程度四個方面。薄貴利[4]則將政府公信力的價值細分為十大方面：

（1）人道：政府堅持以人為本的執政理念，始終愛惜人的生命，關心人的幸福，尊重人格和人的權利。

（2）民主：政府按照民主原則和程序組成，始終為廣大人民群眾謀利益，並自覺接受人民群眾的監督。

（3）法治：政府嚴格依法辦事，做到有法可依，有法必依，執法必嚴，違法必究。

（4）科學：政府管理符合實際，符合規律，符合科學發展觀的要求。

（5）廉潔：政府清廉，堅決打擊和有效遏制各種腐敗現象。（6）文明：政府行為符合現代文明精神和現代文明規範。

（7）服務：政府及時周到、優質高效地為社會提供公共產品和公共服務。

（8）效能：政府有效推動經濟社會的發展。

（9）改革：政府勇於推進改革，切實克服經濟社會發展中的體制障礙。

（10）創新：政府積極推進自身管理的創新，同時為整個社會的思想創新、理論創新、文化創新、科技創新、管理創新等創造寬鬆的環境和有利的條件。

　　另外，呂維霞、王永貴 [5] 從公眾感知的角度構建了影響政府公信的因素研究模型。他們指出了影響政府公信度的四個主要因素：

　　（1）公眾滿意度，主要表現為對於政府辦事過程和結果以及服務態度的滿意程度；

　　（2）政府形象，是知名度和美譽度的統一；

　　（3）政府承諾：既包括情感性承諾也包括實際投入性承諾；

　　（4）公眾感知行政服務質量，包括了行政服務的所有要素，既包括對於服務過程的感知質量，也包括對於服務結果的感知質量。

　　具體地說，包括對於服務的便利性、服務的透明性、服務的可靠性、服務人員的能力和響應性等服務要素的感知。此外，他們認為教育程度、地區差異等人口統計特徵也會對政府公信的評價產生影響。他們將這幾個因素細化為若干個具體的問題，透過調查問卷獲取的數據進行分析和評估。

　　總的來講，中國對於政府公信度以及政府公信力的評估目前大多集中於評估標準的探討，關於其綜合評價指標體系的構建尚處於初步嘗試階段。這些標準的提出以及指標或模型的構建為中國當下公信力的評估提供了有意義的研究方向和政策啟示。然而，它們在理論依據以及與政府公信力的具體關係梳理上顯得較為薄弱，還需要進一步地改進和完善，並且它們多停留在價值層面，容易使政府公信力的評估趨於主觀，缺少更為理性和客觀的評價要素。

註釋

[1] [波蘭] 彼得 . 什托姆普卡（Pir Sztompka）：「信任：一種社會學理論」，程勝利譯，北京：中華書局，2005 年版，第 186-200 頁 .

[2] 唐鐵漢 . 提高政府公信力建設信用政府 [J] 中國行政管理，2005（3）.

[3] 薄貴利 . 十大因素影響政府公信力 [N]. 人民日報，2008-11-5.

[4] 呂維霞，王永貴 . 基於公眾感知的政府公信力影響因素分析 [J]. 華中師範大學學報（人文社會科學版），2010（7）.

[5] [美] 羅伯特 .D. 帕特南 . 使民主運轉起來 [M]. 王列，賴海榕譯 . 俞可平主編 . 南昌：江西人民出版社，2001，9：74-85.

第二節 政府公信力的制度評價標準

一、制度與政府公信力的天然邏輯一致性

政府公信力，實質上是在政府治理過程中，人們與政府達成的一種心理契約和價值認同，是公眾對政府所制定和實行的制度的信任。制度是公信力的根本保障，制度執行力是公信力的現實體現。

評價政府公信力，要始終緊扣政府公信力是一種治理能力這一本質，並且要將其放在政府角色轉變的主題之下，從制度角度評價政府公信力恰恰符合了政府公信力的本質和主題。這是因為，制度的創設（或供給）和執行從本質上講也是一種政府的治理能力，並且政府角色的轉變也必然依靠制度的再設計或創新與有效執行才能實現。也就是說制度創新與政府公信力的提升存在著邏輯上的天然一致性。

二、政府公信力的制度評價標準體系構建

根據前文的分析，政府公信主要源於三種類型的政府活動：行政結果、行政過程和行政價值，而這三種活動的實施都離不開相關制度的制定和執行，制度的制定和執行會體現行政價值並具體地由制度屬性所表現出來，行政結果實際上也就是制度結果或績效。這樣就在政府公信力與制度之間建立了緊密的聯繫，具體地講，政府公信力可以從制度屬性（體現行政價值）、制度內容架構、制度績效三個方面進行評價。需要注意的是，這三個方面並不是互相割裂的，恰恰相反，任何一項制度都是這三者的統一體。例如，從制度內容的設計到制度運行，再到最後所取得的制度績效，都要體現出符合制度價值的屬性；如果一項制度的內容不清楚、不合理、不一致，那麼就不能取得預期的績效。之所以將制度分為這三個方面，是為了進一步地分析這三個方面所涵蓋的內容，從而尋找更加細化的政府公信力的評價標準，更客觀更全面地對政府公信力進行評價。根據圖 3-3 政府公信與制度的關係模型，制

度的屬性可以細化為公平、效率、透明、民主等四個方面；制度內容架構主要包括基本公共服務制度、績效管理制度、行政問責制度、民主參與制度等四個方面；而制度績效主要體現在政府在政策制定、提供的基本公共服務方面的政策項目以及公眾評價三個方面。在此基礎上進行細化，構成了初步的政府公信力的制度評價標準體系（如表 4-2 所示）。關於制度績效標準，筆者主要借鑑了帕特南關於制度績效衡量的論證，並結合中國的實際情況做出了適當改變。帕特南認為 [1]，「一個制度的效率首先在於它對主要的內部事務管理得怎麼樣。因此，我們可以考察一個制度決策機關的穩定性，例如預算制定的效率，或者其管理訊息繫統的效率。」中國實行議行合一的決策制度，制度決策主要由中央一級的國務院和地方各級政府做出並交由相應級別的人民代表大會及其常務委員會透過，因此制度決策機關，可以認為由人民代表大會和其直屬的行政機關構成。政策制定的績效還表現在政府能否迅速地認識到社會需要並提出創造性的解決方案，政府制定的法律是否反映了它手頭掌握的全面、連貫、有創造性地解決問題的能力，這就是立法改革與創新。其次，制度績效還表現在政府所實施的政策項目上。比如政府為公眾提供的基本的公共服務有哪些，達到了怎樣的服務目標和水平，政府實施的宏觀經濟調控以及促進經濟發展的情況。最後，對於制度績效的評價不僅需要上述較為客觀的評價，還要考慮公眾對制度績效的主觀感受，這就包括公眾對政府的回應能力、負責能力以及公共服務能力的評價。

表 4-2 政府公信力的制度評價標準體系

一級標準	二級標準	標準的細化
制度屬性	公平	政府腐敗程度
		收入公平程度
	效率	制度執行力
		行政成本與收益
	民主	政治參與和行政參與的廣泛性
		政府的代表性
	透明	政府決策與執行過程的相關訊息公開與透明度
制度架構	績效管理	績效指標、測評、結果運用
	基本公共服務	義務教育、住房建設與保障、城市化、醫療衛生服務、公共安全、就業、環境等基本公共服務
	行政問責	訊息公開
		行政監督
		責任追究
		廉潔反腐
	民主參與制度	政治參與
		行政職能與過程參與
制度績效	政策制定	人民代表大會及行政決策機構的穩定性
		政府預算的及時性
		政府的民意收集能力
		立法改革與創新
	政策實施項目	基本公共服務改善
		宏觀經濟調控和經濟發展
	公眾評價	政府的回應能力
		政府的負責能力
		政府的公共服務能力

（左側合併欄：政府公信力的制度評價標準）

　　當然，上述關於政府公信力評價的制度標準體系只是一個初步的論證和設計，為從制度維度評價政府公信力提供了大致的分析思路。要得出更加精確的反映政府公信力水平的量化指數，還需要進行大量的社會調查和相關數據的收集"處理和分析，並對分析結果進行持續觀察和驗證，這些都有待做進一步的後續研究。

註釋

[1] [美] 諾思 . 制度、制度變遷與經濟績效 [M]. 杭行譯，格致出版社

第三節 制度視野下中國政府公信力現狀

一、制度的公平程度不容樂觀

（一）制度不公平的主要表現

制度的公平性是關係政府公信力的一個重要因素。制度的不公平就是人們在規則面前的不平等和在利益分配上的不平等對待，制度不公平是人為的制度性歧視，是社會中一部分人對另一部分人的利益進行不正當的侵占和剝奪。制度越是不公平，它越會造成官民關係的緊張以及社會中各階層之間的利益衝突，使政府公信力受到嚴重威脅。

自新中國成立以來，中國努力在建立和完善各項社會主義制度，賦予了全體公民當家做主的權利，實行了按勞分配為主的相對公平的分配製度，使制度的公平性有了很大的提高。然而，由於中國長期實行計劃經濟體制，並在城鄉之間採取「二元」經濟政策和限制人口流動的嚴苛的戶籍制度，並將各種福利和基本公共服務的享有與戶籍緊緊綁定，這造成了城鄉之間發展不平衡、地區之間發展不平衡，加之中國在不同行業採取的行政壟斷，更是造成了不同行業和不同人群之間的差別對待，使得中國的貧富分化進一步加劇。具體而言，制度性的不公平主要體現在以下三個方面：

第一，中國公民享有的基本公共服務嚴重不均。目前，中國在基本公共服務提供方面，存在的最大一個問題就是基本公共服務的非均等化。這主要表現在中國東部、中部、西部的地區公共服務的非均等、中國城市與鄉村之間的基本公共服務的非均等以及居民之間基本公共服務的非均等三個方面，而前兩種不平等表現尤為突出。這種非均等化的造成除了經濟、社會發展不平衡等方面的原因外，最主要的原因是舊有的基本公共服務制度的不平等安排所致。自新中國建立至今的很長一段時間內，中國實行優先發展城市和工業的傾斜性發展策略，形成了城鄉二元分治的社會格局。在基本公共服務方面，各級政府也都把有限的財力和各種社會資源優先投向城市，在城市的基本公共服務水平快速提高的同時，農村基本公共服務嚴重缺失，多數農民就會持續徘徊在溫飽線和小康之間，農民抵禦風險能力低，教育、醫療費用成

為農民致貧、返貧的主要因素。僅就社會保障制度而言，中國社會保障制度主要覆蓋城鎮居民，城市已基本形成統一、覆蓋率高，與社會主義市場經濟發展相適應的社會保障制度。但政府較少介入農村的社會保障，農民的養老、醫療和生活保障主要依靠家庭，形成了農村養老覆蓋面狹窄、醫療保障力度小、最低生活標準低、失地農民和農民工嚴重缺乏社會保障的局面。二元土地制度、二元戶籍制度、二元基本公共服務供給制度使得城鄉之間、不同區域之間的貧富差距人為被拉大，官民關係緊張，嚴重地削弱了政府公信程度。

第二，存在大量的行業行政壟斷。當下，中國的銀行業、石油石化、煤炭、鐵路、航運、民航、鹽業和煙草、電力電網、電信、郵政、自來水和煤氣、醫院、教育、土地等領域都存在著過度的行政權力幹預。這些行業領域倚仗行政權力，透過設置進入壁壘、賣方價格管制、買方價格優惠、推動導致壟斷的企業合併、地區間產品和資源壁壘等多種形式，獲得在市場上的強大優勢地位，他們將更具能力的產品和服務供應主體排擠出市場，使消費者在購買產品和服務上沒有任何選擇權，即使這些行業提供劣質的產品和服務，消費者也只能以高價購買，從而壟斷行業憑藉行政權力攫取巨額的壟斷利潤。行業行政壟斷的實質是行業倚仗行政權力的干預對其他市場主體和廣大消費者的利益和權利的大肆掠奪，是明顯的人為制度規定造成的不公。

第三，傾斜立法不足。傾斜立法是以強調弱勢群體的基本權利，而更多地強調強勢群體的責任和義務為主要內容的。在民事關係、行政關係和刑事關係中，為平衡弱勢一方和強勢一方的利益，需要對強勢一方的民事責任、行政責任和刑事責任做出更加明確和詳細的設定。比如，為了緩解訊息不對稱，可以利用傾斜立法設定強勢一方承擔更多的訊息披露義務，同時賦予弱勢一方更大的知情權利。但是，隨著中國經濟、政治和社會的發展，中國在許多方面的傾斜立法越發顯得不足。這突出表現在中國的很多法律存在對強勢群體懲罰不力和弱勢群體難以維權的雙重問題。比如，在食品安全監管方面，中國的產品質量法中的相關規定就表明了其對製造假冒偽劣食品的違法企業及其行為處罰較輕。例如它規定對假冒食品產地、廠名、廠址、偽造或冒用認證標誌的一般處理方式是責令改正、沒收產品以及違法所得，情節嚴重的只是吊銷營業執照。這樣的處罰顯然起不到應有的威懾和遏製作用，反

而助長了制假售，假者的違法動機和囂張氣焰；而與此形成對照的是消費者缺乏有效的維權途徑，消費者缺乏關於產品質量和生產廠家、銷售商的充分訊息，缺乏簡單易行的法律維權渠道，在利益受到損害時，很多時候只能選擇忍氣吞聲。

（二）制度不公平的指標測量

中國的制度公平性程度可以從腐敗程度和象徵貧富差距的吉尼係數上得到直觀反映。

就腐敗程度而言，透明國際每年發佈的「清廉指數」是相對具有權威性的表徵一個國家腐敗程度的量化指標。清廉指數採用 10 分制，10 分為最高分，表示最廉潔；0 分表示最腐敗；8.0~10.0 之間表示比較廉潔；5.0~8.0 之間為輕微腐敗；2.5~5.0 之間腐敗比較嚴重；0~2.5 之間則為極端腐敗。

根據中中國地近十年在全球清廉指數排行榜上的得分和排名情況，中國的腐敗程度始終處於「比較嚴重」之列（如表 4-3 所示），並且從動態的排名變化情況看，其反腐成果與清廉程度提高速度仍與世界平均速度存在一定差距。當然，隨著中國反腐力度的加大，中國近三年的清廉指數得分有了一個明顯的升高，並於 2013 年首次達到 4.0。這也表明，中國清廉程度的提高與中國政府相繼出臺「八項規定」「反四風」，公開行政單位的三公經費，以及新提任領導幹部配偶子女從業、財產等有關事項公開制度試點的推行是密切相關的。這也說明，由運動式反腐向制度反腐的方向是極為正確和有效的，要有效遏制腐敗，我們必須從制度建設入手。

表 4-3 中中國地十年來清廉指數得分和排名情況

年度	2004	2005	2006	2007	2008	2009	2010	2011	2012	2013
得分	3.4	3.2	3.33	3.5	3.6	3.6	3.5	3.6	3.9	4.0
排名	71	78	70	72	72	79	78	75	80	80

就貧富差距而言，據國家統計數據顯示，1970 年，中國農村吉尼係數大致在 0.21~0.24 之間，城市居民的吉尼係數在 0.16~0.18 之間，說明中國的居民收入分配基本上顯現出平均主義的狀況。從 1978 年到 2012 年中國居民

收入吉尼係數呈現起伏的上升之勢。2011 年和 2012 年中國的吉尼係數高達
0.477 和 0.474，已大大超過了國際公認的 0.4 警戒線，超過高收入國家 90
年代 0.338 的平均水平，與經濟水平相近的世界其他國家相比，也明顯偏高。
這說明，中國居民在經濟收入上的不公平程度已經非常嚴重。

二、制度的效率不高

（一）制度效率的評價標準

制度的效率也稱制度的有效性。關於制度效率的評價標準，制度經濟學
者主要從以下兩個角度來進行。一是從交易成本的角度看，有效率的制度首
先是能夠維持較低交易成本的制度。然而』這並不是制度效率的唯一評價標
準。諾思經過研究發現，有時，較高的交易費用並不代表制度效率低一那些
具有健全的法律制度和司法繫統的國家，儘管交易費用較高，但是對於保護
產權和促進增長是具有高效率的。因此，諾思 [1] 提出了制度效率的「適應性
標準」，即微觀個體同制度之間的適應程度，認為有效率的制度「內置了創
造與實施有效率的產權制度的激勵」。另一個角度是從制度的成本 - 收益來
對制度效率進行衡量。在交易成本相同的情況下，能提供較多服務的制度更
有效率，而在提供相同服務的情況下，交易成本較低的制度更有效率。筆者
認為，交易成本，實際上是與制度成本緊密相關的，不管是從交易成本角度，
還是從成本 - 收益角度對制度效率進行分析，二者涉及的都是制度績效，是
一種關注制度實施結果的思路；而微觀個體同制度之間的適應程度，即是否
制度給了行為主體以激勵，涉及行為主體對制度的認同與遵從，這是一種關
注制度的執行力思路；因此從制度績效和制度執行力兩個方面來評價制度效
率，不失為一種可取的做法。

（二）中國的制度缺乏執行力

要取得較高的制度績效，制度就要被有效地執行，也就是說制度的執行
力是制度績效的關鍵因素。近來，中國製度創新的數量和速度是相當高的，
其中一個最突出的體現就是幾乎每年中國都有諸多法律 " 法規、部門規章、
條例、辦法等出臺。然而，在眾多新制度出臺後，很多問題仍然沒有顯著改

觀，比如中國的食品安全事故總是頻頻發生、腐敗現象仍然普遍、環境不斷惡化、社會不公平程度沒有顯著改善等等，這就說明許多新的制度並沒有被人們所普遍認同和遵守，也就是說制度執行不力。世界銀行在《2020 年的中國》[2] 中指出，「中國不是缺少法律，而是執行不力」。制度執行力是中國改革所遇到的最大挑戰。中國當下的制度缺乏執行力，主要有如下幾種表現：

第一，舊制度下形成的既得利益集團阻礙新制度的推行。

一般而言，由社會繫統或政府繫統內在生成、自然演進的制度更容易得到人們的認可和遵從，更具執行力；而由外部壓力強加的理性建構的制度容易受到人們的抵制和反抗，其執行起來更難。由於中國處於體制轉軌的新舊交替階段，中國的各項制度改革基本上走的是自上而下的漸近式改革道路。自上而下意味著新的制度設計是由政府高層根據中國社會所面臨的總體形勢和挑戰而做出的理性建構，新制度的執行也主要是由中央政府向地方和基層政府進行強力推動。漸近式的制度改革意味著很多舊制度並不是立刻被徹底革除，同時新制度的推行也大部分是從小範圍的試點做起，然後逐漸有序地推開。

自上而下的漸進式制度改革有利於新制度的平穩有序進行，有利於及時糾正改革中出現的錯誤，防止走彎路和邪路，有利於保持社會穩定。然而它也存在著一定的問題，比如新舊制度的同時存在，會造成人們對制度改革方向的模糊以及價值判斷的混淆，會使在舊制度下得到利益的個人或集團竭力維護舊制度的存在，阻礙新制度的順利推行，使新制度的執行力受到削弱甚至被人為歪曲和失效。

例如，中國進行的養老金「雙軌制」改革就是一個明證。新中國建立後至改革開放前，中國的企業職工和機關事業單位職工的退休金全由國家和企業負擔，個人不交費，退休金根據職工的工作年限和薪資高低來制定，因此金額差別不大。改革開放以後，企業職工退休基金不再由國家負擔，實行社會統籌，即由個人、企業、國家補貼三方負擔。而機關事業單位職工的退休金仍然由國家財政統一支付，職工個人不需繳納任何費用，這樣退休制度的雙軌制就這樣形成了。養老雙軌制的推行使得機關事業單位職工的退休金遠

遠高於企業職工和農民個人。在社會養老保障覆蓋率方面，城鎮遠高於農村，農村老年人平均月養老金為 74 元，僅為城市老年人平均月退休金（1527 元）的近 5%。養老雙軌制公開地將政府官員的待遇凌駕於普通老百姓之上，使「政府官員」成為這一制度的最大受益者；它將來源於全民稅收的財政資金優先用於「政府官員」，實際上是「政府官員」對廣大人民群眾的利益剝奪；它赤裸裸地製造了嚴重的社會不公，使官民衝突和社會矛盾開始發酵。養老雙軌制使得中國的養老資金嚴重不足。隨著人口老齡化日益加劇，中國養老保險帳戶的缺口越來越大，養老保險「空帳」正在以 25% 左右的速度擴大。根據社會科學院世界社保研究中心主任鄭秉文給出的數字，2011 年城鎮基本養老保險個人帳戶「空帳」已經超過 2.2 萬億元，較 2010 年增加約 5000 億元。中國自 2009 年開始了養老雙軌制的改革，中國政府正式下發《事業單位養老保險制度改革方案》，並要求在山西、上海、浙江、廣東、重慶 5 個省市進行事業單位養老保險制度改革試點。然而至今這項制度改革仍然沒有實質性的進展。中國雖然連續 8 年調整企業退休人員基本養老金，且調整幅度都達到 10%，然而這 8 次調整的總和仍然趕不上政府機關一次調整的幅度。中國於 2010 年 10 月透過了《中華人民共和國社會保險法》，然而其實際的執行卻仍然沒有力度，鮮有成效。

第二，政策執行中「講關係、講人情」。

中國自古是禮儀之邦，講究「禮尚往來」。在應該大力推行「法治」的今天，中國的社會中仍然流行著辦事送禮，找關係託人情的行為模式。當下，孩子上學要找關係託人情，人們要看好病要找關係託人情，就業找到一份好工作也要找人情托關係，似乎託人情、找關係成了老百姓的辦事指南和默認的行事規則，只要有關係，事事都好辦，這比明文的制度規定還管用。政府用人上的「任人唯親」「裙帶關係」現在仍然屢見不鮮。「官二代」依然是官，政府仍然是平民老百姓難以擠入的「衙門」；待遇優厚的國家企業和行業被原有幹部職工的子弟所占據，使得一般老百姓的子弟望塵莫及。在講關係、講人情的大環境下，越來越多的人不再相信會依靠自身的知識才能獲得成功，而是依靠「拼爹」、拼「關係」來搶占更多的利益和資源，他們汲汲於想方設法建立自己的「圈子」，在周圍編織由「親戚、朋友、老鄉、同學、戰友」

構成的密密麻麻的關係網，並憑此而飛黃騰達或平步青雲。這也幾乎成了老百姓習以為常的事。辦事不送禮、不找關係反而成了特立獨行，為眾人所不齒。在這種情況下，設計得再科學再完備的制度也只能成為擺設，寸步難行。

第三，「上有政策，下有對策」現象嚴重。

隨著中國政治體制和經濟體制改革的進行，中央的財權和事權逐漸下放給地方政府，使得地方政府在政策制定和執行方面擁有了很大的自主權。有時地方政府官員出於地方保護主義和個人私利的考慮，會有所選擇地執行中央的政策制度，使制度的執行大打折扣甚至進行人為扭曲。利己的政策則執行甚至誇張地大張旗鼓地進行推進，而不利己的政策則千方百計拖延推倭或變相執行。例如，在基本公共服務的提供方面，對於基礎設施建設的招投標，中央有著嚴格而明確的內容和程序上的規定，地方政府在實際執行時往往進行違規操作，或盲目擴大投資，或在招投標過程中進行尋租，將工程項目承包給向其行賄的商家。另外，在問責制度的執行中，同樣存在執行不力的問題。問責風暴過後，眾多官員又悄然地「東山再起」，使得問責制度失去了法定的權威，很多時候流於形式。

（三）基本公共服務效率低下

除在前文提到的，中國基本公共服務方面存在著嚴重的非均等化狀況以及制度的不公平外，目前中國的基本公共服務還存在效率低下的問題。

基本公共服務資本產出率低下。近年來在基本公共服務投資領域存在著的大量腐敗現象使得基本公共服務資本的產出效率大大降低。Rose-Ackerman（1996）認為，在腐敗的情況下，投資是基於企業的行賄能力而非盈利能力進行的，優秀的企業可能得不到投資項目，從而降低公共投資效率。另一方面，賄賂增加了生產成本，最終導致較高的產出價格增長，對產品的需求減少，以及增量資本產出率的減少。於是低效率導致產出價格遞增，增量資本產出效率減少。Mauro（1997）認為，腐敗扭曲了公共投資的投向，從而把資源從潛在有效率的領域（如教育、健康護理等維護性公共投資）轉向了其他低生產率領域（如大規模基礎設施建設的公共投資），降低了公共投資創造總產出的能力。

基本公共服務質量不高。公共服務質量 [3] 是公共部門或第三部門在提供公共服務過程中，滿足公眾需求及提升公眾滿意程度的總和。這是建立在政府具有公共服務能力並提供卓越服務的基礎上最終體現為公眾對公共服務的滿意度或認可度。這種滿意度或認可度是以公眾的需求是否滿足為前提條件，主要取決於公共服務提供的數量是否充足、結構上是否合理、服務過程態度是否良好、服務產品標準是否合格等。

近年來，中國公共物品供給支出逐年增加，而公共工程的質量卻不斷下降。公共投資項目的實施，通常要交給國外的某一具體的施工企業來完成。對施工企業來講，獲得承建公共投資項目，尤其是大型公共投資項目的合約，可以獲得非常豐厚的利潤。為謀求企業利潤最大化，他們會向掌管控制權的官員支付「酬金」，憑藉官員的權力贏得合約。儘管「酬金」占項目總投資的比率可能很低，但是因投資項目規模巨大，其絕對數額還是十分可觀的，甚至於數百萬上千萬。當然，這些「酬金」的支出，企業絕不會自掏腰包的，他們會想盡辦法，將賄賂支出最終計入項目成本。他們在工程建設上進行違法違規操作，偷工減料或層層多次分包 " 轉包，疏於監管，導致公路、橋樑等基礎設施項目質量低劣。

三、績效管理制度展開試點但仍問題重重

目前，中國的一些地方、一些領域已經開展了政府績效管理的試點工作，並且績效管理在中國已呈現出了蓬勃發展的勢頭，取得了一些顯著的成果和成績。2011 年，國務院批準建立政府績效管理工作部際聯席會議制度，績效管理試點工作在北京、吉林、福建、廣西、四川、新疆、杭州、深圳和國家發改委、財政部、國土資源部、環境保護部、農業部、質檢總局等 14 個地區和部門展開。各試點單位結合實際圍繞地方政府及其部門工作、國務院機構機關工作、節能減排專項和財政預算等進行了積極探索，初步構建了各具特色的績效考評指標體系，引導群眾和社會各界有序參與政府績效評價，強化對政府及其部門工作的過程監管和結果考評，並根據考評結果獎優治庸罰劣，發揮了導向和激勵約束作用，有效促進了政府職能轉變和管理創新。[4]

然而績效管理制度也出現了很多需要注意和解決的問題。這些問題主要包括如下幾個方面：

1. 多個評估主體之間權力不明晰，評估內容和方式雜亂無序。中國幾乎所有黨政機關都或多或少地對下級機關或政府開展過考核評估活動，包括經濟、監察、人事、組織、機關工委、政府業務主管部門等。評估內容也五花八門，涉及經濟發展、效能監察、公務員績效、領導幹部政績、機關作風等；評估方式和頻繁程度不同，要求各異；使得被評估的行政組織無所適從，疲於應付，成為官員弄虛作假和腐敗的誘因。

2. 錯誤的績效觀導致績效指標設置不合理。（1）績效指標「唯上不唯下」。中國的政府績效評估的主導機制是行政繫統內的等級控制，其鮮明的特徵就是高度集權，即上級行政組織掌握著下級的重要資源分配權和人事權，下級對上級存在著嚴重的權力依賴，有學者將這種控制稱為科層式的「壓力型體制」，正是這種體制極易鼓勵「唯上不唯下」的績效觀和行為模式。上級為了追求高績效，將任務透過自上而下的人事安排、財政分配和政治影響分解和下放給下級，下級再將任務層層分解、層層下放、層層加碼，再依據對下級的績效考核結果確定其權限、地位、待遇和人事升遷。這樣的績效控制導致下級組織和下屬的所有工作就是為了完成上級的績效指標，而不是為了讓公眾滿意。（2）績效標準脫離實際導致虛假績效。「壓力型」體制使行政組織的任務層層加碼，不堪重負，但為保「飯碗」，有些不得不想方設法做假數字、假政績。「壓力型體制」會製造不切實際的標準額度，成為政績造假和腐敗的誘因。

3. 政府績效評估結果沒有得到有效運用。包國憲等學者認為評估結果「運用方式單一和形式化傾向嚴重」。沒有與績效獎勵、精神補償、增益分享、共享節餘、績效薪資、績效合約等結合使用；評估結果成了擺設和走過場，沒有造成改進政策質量、優化政策執行過程，以及改進政府部門及工作人員的服務水平、提高工作能力等預期作用。[5]

四、行政問責制度逐漸建立但亟待完善

在訊息公開制度建設及執行方面，2007 年中國政府頒布了《中華人民共和國政府訊息公開條例》，明確要求各級政府以「公開為原則、不公開為例外」，除涉及國家祕密、商業祕密和個人隱私的事項，一律向社會公開。據統計，2011 年中國 31 個省（區、市）主動公開政府訊息 2885 萬條，辦理依申請公開訊息 130 多萬條，對其中 85% 的申請，公開了相關訊息；中央國家機關主動公開政府訊息 149 萬餘條，辦理依申請公開訊息 3000 多條，對其中 70% 以上的申請，公開了相關訊息。全國省級政府和國務院組成部門門戶網站達 100%，98.5% 以上的市級政府和 85% 以上的縣級政府設立了政府門戶網站。有 92 箇中央部門公開了部門預算，90 箇中央部門公開了部門決算。全國縣級以上政務公創辦事大廳建制已達 2912 家，占比 80%；鄉鎮街道建立便民服務中心達 30377 家，占比 70.3%。各省平均 71.7% 的行政許可事項、58.8% 的非行政許可審批事項和 63.4% 的其他公共服務事項進駐政務公創辦事大廳實施集中辦理，辦結率達 98%。全國省、市、縣三級都建立了不同形式的公共資源交易市場，其中有 11 個省設置了政府公共資源招投標管理局。

行政問責制度建設方面，中央層級制定的相關法規和政策主要包括《關於特大安全事故行政責任追究的規定》《中國共產黨黨內監督條例（試行）》《中國共產黨紀律處分條例》《黨政領導幹部辭職暫行規定》、國務院印發的《全面推進依法行政實施綱要》，另外的有關內容還散見於《中華人民共和國公務員法》等，這些都已經成為目前中國行政問責處分的主要依據。2008 年透過的《國務院工作規則》第一次將行政問責制納入其中。2008 年《國務院工作規則》明確提出，國務院及各部門要推行行政問責制度和績效管理制度，並明確問責範圍，規範問責程序，嚴格責任追究，提高政府執行力和公信力。2009 年 7 月，中央頒布《關於實行黨政領導幹部問責暫行規定》，之後行政問責、績效考核等相關配套制度相繼出臺。目前正在全國 8 個省和 6 個國家部門開展績效管理試點，健全以行政首長為重點的行政問責制度。另外，在地方層面，長沙、重慶、南京、天津、湘潭、廣州、深圳、

海南等許多地方政府也相繼出臺了專門的行政問責辦法、規章。2013 年《國務院工作規則》要求，國務院及各部門要把公開透明作為政府工作的基本制度。國務院全體會議和常務會議討論決定的事項、國務院及各部門制定的政策，除依法需要保密的外，應及時公佈。凡涉及公共利益、公眾權益、需要廣泛知曉的事項和社會關切的事項以及法律和國務院規定需要公開的事項，均應透過政府網站、政府公報、新聞發佈會以及報刊、廣播、電視、網絡等方式，依法、及時、全面、準確、具體地向社會公開。《規則》強調，國務院及各部門要接受社會公眾和新聞輿論的監督，認真調查核實有關情況，及時依法處理和改進工作。重大問題要向社會公佈處理結果。國務院及各部門要重視信訪工作，進一步完善信訪制度，暢通和規範群眾訴求表達、利益協調、權益保障渠道；國務院領導同志及各部門負責人要親自閱批重要的群眾來信，督促解決重大信訪問題。另外，國務院及各部門要推行績效管理制度和行政問責制度，加強對重大決策部署落實、部門職責履行、重點工作推進以及自身建設等方面的考核評估，健全糾錯制度，嚴格責任追究，提高政府公信力和執行力。這些都表明了中國行政問責制度建設逐漸建立和完善。

在行政監督制度方面，黨內、人大、政府和政協等多個監督主體的強化使得政府權力得到進一步制約；中央巡視組加大了針對重大決策的監督；群眾和媒體對公務人員不廉潔或官德不良行為的監督力度得到了加強。另外，監督的廣度、深度和效力不斷增強。全國省、市、縣三級監督機關全部開通舉報網站，暢通民眾參與監督防治腐敗渠道。

行政問責制度的執行有了一定成效，使眾多官員受到責任追究。據不完全統計，僅 2010 年受到誡勉談話的幹部 59596 人次，被問責的領導幹部 7036 人。2011 年對領導幹部以權謀私、權錢交易等違紀違法案件的查處，涉及縣處級以上領導幹部 4843 人，其中被移送司法機關的 777 人。

然而，在行政問責制度不斷建設和執行的同時，也暴露了許多嚴重的問題，這些問題的存在嚴重削弱著政府公信力。這些問題主要有如下方面：

第一，問責制度的法律建制尚不健全。從其法律形式和效力講，中國現在並不存在嚴格意義上的問責制度體系。關於問責方面，中國的很多規定都

還處於政策層次，它們只是一些規章、暫行條例或辦法，並沒有形成統一的全國性的法律體系。地方性的政府規章，不具備普遍的約束力，法的效力不高、適用範圍不大。從其構成的要素講，一項完備的問責制度，應該在問責的主體、問責客體、責任類型和範圍、問責程序和機制以及責任追究和懲處等方面有著明確清晰而又邏輯一致的規定，然而中國當下的問責制度在這些要素上遠未具備。從問責制度的子體系講，問責的前提首先要訊息公開透明，然後要有對責任主體行為和活動的有效監督和評估，最後還要具有足夠強大的制裁力以保證對責任主體的失責行為進行有效制裁，因此訊息公開制度、行政監督制度、責任追究和制裁製度應共同構成行政問責制度的整個體系和過程，其中每一項缺一不可。然而中國當下的行政問責規定往往並沒有完全涵蓋這些子制度，在實際執行中這些子制度之間常常相互衝突或發生斷裂。就表述內容和形式來講，規則的表述過於籠統，缺乏針對性。例如，對「有關」責任部門或責任人沒有明確的定義和判斷標準；對於「領導責任、直接責任、間接責任、重要責任」等概念也沒有明確的說明或解釋；對於如何預防失責行為、失責官員如何承擔責任後果，被問責後如何進行後續監督等缺乏程序性的和可操作性的規定，等等。這些都使得行政問責的主觀隨意性加大，缺乏客觀性和合法性。

第二，現有行政問責制度執行不力。現有的問責規定中被問責主體的責任界限不清、應承擔的責任內容過於籠統、問責程序和機制缺乏針對性和實用性，在實踐中難以操作，往往流於形式。

被問責主體的責任界限不清主要表現在三個方面：一是黨政不分。中國實行「黨管幹部」的原則，很多重大決策通常由常委會研究、黨委書記「拍板」，行政首長負責執行決定。然而一旦決策出了問題，往往被追究責任的是行政首長。二是正副職之間的責任不清。很多決策的制定和執行在名義上是「一把手」負責，而實際上出了問題，則只追究分管副職的責任。三是不同層級、不同部門之間的責任界限不清。一個地方發生了重大事故，究竟是追究同級領導的責任，還是追究上級領導的責任，眾多相關部門中重點追究哪個部門哪個領導的責任，往往是一個難題。例如，在食品安全事故中，眾多部門都有著或大或小的不同的食品安全監管職能，究竟是哪個部門哪個環

節出了問題，這很難查清，即使查清了，各個部門間也會相互推倭，最終誰也不承擔責任，只有老百姓徒受其害。

問責範圍不明。問責不僅要強調事後問責，因為問責的最終目的不是追究責任，而是更大程度地預防失責行為和重大事故的發生。因此問責是事前、事中、事後的全程問責。釀成事故要問責，故意拖延、不作為也要問責。問責既要全面，要又突出重點，要著重對重點領域、重點職位人員的問責。然而，在中國目前的行政問責實踐中，普遍存在著重事後問責、輕事前問責；重「風暴」問責、輕常態問責的現象，並且對適用範圍過於狹窄，大多侷限在重大安全責任事故的事後責任追究決策，用人等領域的問責力度不夠重視。

責任類別不明確。依據涉及的領域，行政組織及其成員的責任可以分為五類：

（1）法律責任，要求其活動要公平、合理、合乎法律規定。行政法規往往會不顧公共利益而偏向少數利益集團，往往會不顧常識而變得死闊僵化，也往往會不顧現有法律規定而只服從於個別領導的意志，法律問責在很大程度上是為了避免上述現象。

（2）行政等級責任（也稱管理責任），是指因上級權力授予而承擔的管理責任，主要是對履職情況、失職、瀆職、腐敗等進行監控，形式包括審核其執法活動、對組織成員考評定級、人事任用和晉升等。

（3）職業責任，基於職業上特殊的技術要求而承擔的責任，主要關注職業技術上的可行性和正確性。

（4）財政責任，使用財政資金要廉潔、高效，一般透過預算控制和財務審計進行。也有學者將其歸為行政等級責任。

（5）政治責任，要求忠誠於執政黨的宗旨、路線、方針、政策，為民服務。一般透過執政黨內控制、官員審查，以及其他利益團體、媒體和公民的外部監督等進行。然而中國現行的問責制度並沒有對上述責任類別做出明確的區分的界定』也沒有針對不同類別進行不同的問責主體和形式的詳細規定。

　　問責機制不健全。行政繫統內垂直問責主導問責結果，其他問責主體缺乏足夠的效力。依據委託／代理理論，公民作為公共權力的委託人，最有資格成為問責主體。然而，由於每一個公民不可能直接向行政組織及其成員問責，所以只有透過設計一套正式的責任制度間接實現。實際上，行政組織及其成員的責任存在多重代理問題，它要向多個委託人負責，這些委託人可以是上級、平級或下級，也可以是立法、司法部門，還可以是社會組織、媒體乃至個人。中國實行高度集權的行政管理體制，在行政管理活動中，地方服從中央、下級服從上級、個人服從集體。這就導致在問責實踐中，也多是上級對下級實行問責，問責的過程和結果更多地取決於上級部門和領導的意志或判斷。而人民代表、媒體、社會大眾等問責主體往往缺乏有效的監督渠道和機制，不能對政府部門及其成員實行有效的監督和問責，很難有效地影響問責結果。

　　行政問責制度執行不力的一個最突出表現就是官員被問責後的非正常復出，它使問責制度的效力和權威受到嚴重削弱和質疑。有學者對 30 位復出的官員的研究表明[6]，官員在被「高調問責」後再「低調復出」幾乎成了常態。並且其復出的時間、職務、程序等都與明文規定的法律相衝突。根據《黨政領導幹部選拔任用工作責任追究辦法（試行）》明確規定：受到調離職位處理的領導幹部，一年內不得提拔；引咎辭職和受到責令辭職、免職處理的，一年內不得重新擔任與其原任職務相當的領導職務，兩年內不得提拔；受到降職處理的，兩年內不得提拔，同時受到紀律處分的，按照影響期長的規定執行。在 30 位被問責官員中，半年內復出占了 50.1%，一年內復出占了 93.5%，有的問責官員一週時間就馬上復出，更有甚者提前調任復出。在復出後所任職位方面，平職復出的占 43.3%，升職復出的占 13.4%。並且官員的復出不問責任輕重，被免職的官員復出機率占了 46.7%，而引咎辭職和記行政大過等相對輕微的行政處罰的復出機率卻只有 26.7%、6.7%。並且當前官員的復出程序不明，人們往往是事後透過報紙、電視或網絡才瞭解原本問責的官員復出了，官員的復出公然避開了公眾的視線，使得公眾對行政問責制度的真實效力產生嚴重質疑。

行政倫理要求官員不要辜負公眾的信任或囑託，在政策制定及政策執行過程中服務於公共利益。但制約官員、整頓吏治太困難了！

官員有權、有勢（專門的訊息情報網），而監督者可能處於無權威、弱勢的境況下。雖然可以講究權力制衡，但立法機關、司法機關即使有足夠的權威，也可能沒有行政機關那樣專門的、強大的有效的訊息渠道。正因為行政機關對國家的情況最為瞭解，所以立法機關在立法時常常委託行政機關先進行行政立法，之後立法機關再從事立法。實力不對等，監督者就沒辦法監督官員。行政官員們可以反制監督者，逃避受監督，監督者常常鬥不過行政官員。

行政官員們有時間和精力一心對付監督者，而監督者因有其他方面的工作而無工夫全力以赴。

上有政策，下有對策。所以不要以為出臺了什麼政策，下面的人一定會照辦。要人自損其利是非常困難的，要官員不腐敗當然是不易的。要控制部屬，部屬並不會是被動挨打的，他們必有主觀能動性，會想方設法去規避或反制。上級行政官員對下級行政官員的監督也並不容易。

如果體制機制有問題，治官當然就更不易了。要制約權力還得有體制機制的幫助。鄧小平說，雖然思想覺悟等很重要，但組織制度之類有更根本的重要性；制度不好，會使好人不能做好事，甚至可能走向反面。官員在體制、機制之中，往往身不由己。

一個官員能不能負責任，與他的責任心有關，與可不可以追究他的責任有關；這是由體制、機制決定的。

如果監督或制約權力的機關沒有足夠的權威，他就沒有可能迫使行政官員負責任。無權威監督行政官員，行政權會成為絕對權力，因而可以絕對腐敗或不負責任。

如果一個官員只是服從上級的命令，你就不能指望他對結果負責。權力有名無實，會形成有責無權的局面。這種情況下沒有辦法追究官員的責任。

比如，司法權不獨立，法官受行政權的領導，就可以不對法律或良心負責。黨政權力幹預司法權的行使，這種體制性的問題，導致了法官的不負責任。

決策規則如果沒有明確責任主體，會使責任追究非常困難。多數決定原則下，最多只能追究決策團隊的集體責任，沒有辦法追究個人的責任，因為決策者們每人只有一票。而如果體制沒有規定追究決策集體之責任，就沒有辦法追究責任了。

行政執行過程本來就是個黑箱，難以被揭開。在執行過程中，官員濫用公款、拿回扣、受賄，外人很難知道。審批制度改革，減少審批事項，便於開展反腐敗工作，但並不能揭開行政執行過程這個黑箱。

中國行政問責制度的主要問題是問責者缺乏應有的權威，有的官員甚至用刑偵手段為私人開脫罪責服務，使監督者處於劣勢，監督、問責的成本太大，問責工作甚至沒法進行。

五、民主參與不夠理想，尚待進一步制度化

政府活動包括政治和行政兩個領域，因此公共參與相應地包括政治參與和行政參與兩種類型。政治參與是公眾對重要的國家政策、地方政策和基層政策表達偏好的參與，主要是參與選舉政治代表、發起運動和投票的過程。行政參與是對行政程序和行政決策制定過程的公共參與。這些具體的行政過程是問責、建立共識和政府官員的道德行為。問責涉及進入行政程序的途徑，如公開聽證、公民顧問委員會、公民利益團體等。建立共識涉及目標設定、服務優先權以及服務績效等方面。道德行為反映了強調維持高度廉潔，這些往往要靠培訓、角色塑造和行政標準來實現。這兩種參與形式不同，二者發生的時間不同，行政參與是持續發生的，而政治參與只發生在選擇期間；二者關注的制度不同，行政參與是在執行層面實現的，而政治參與主要是在立法和司法層面實現的。

根據中國社科院的自 2011 年起連續三年發佈的《中國政治參與報告》（以下簡稱《報告》）的研究，中國公民的政治參與水平普遍較低，狀況並不理想。《報告》將政治參與分為選舉參與、政策參與、自治參與、接觸式

參與等類型。實際上是將由政策參與和接觸式參與等內容構成的「行政參與」納入到了「政治參與」的總體概念當中，這在理論上也是行得通的，因為從出現「行政」概念開始，它就是從「政治」概念中分化出來的。本書中之所以將「政治參與」和「行政參與」做出區分，是因為它們與「政府公信力」存在著不同的關係，更便於從不同的制度角度來探討政府公信力的提升之道。

據 2011 年的測算結果，在政治參與的幾種類型中，得分由高到低依次是選舉參與、「政策參與」、「人民團體與自治組織參與」、接觸式參與。《中國政治參與報告（2013）》指出 [7]，一項基於 10 省份 6159 份有效樣本的調查顯示，以 10 分為滿分計算，中國公民在政治參與行為方面得分為 6.18 分，民眾的政治參與狀況不夠理想。

總的來講，當下公民的政治參與正向「制度化」發展。這也就意味著，中國民主參與制度的建設和完善是今後擴大公民參與的重要途徑和任務。

註釋

[1] 世界銀行中國代表處（譯）.2020 年的中國：新世紀的發展挑戰 [M]. 北京：中國財政經濟出版社，1997.

[2] 北京師範大學政府管理學院、北京師範大學政府管理研究院 .2013 中國省級地方政府效率研究報告 [M]. 北京：經濟管理出版社，2013

[3] 搜狐網：中國加快推行政府績效管理制度，http：//roll.sohu.com/20120813/n350503766.shtml.

[4] 包國憲，董靜 . 政府績效評價結果管理問題的幾點思考 [J]. 中國行政管理，2006（8）.

[5] 中國經濟網，30 個官員問責與復出典型事例分析，http：//views.ce.cn/view/en/201205/22/t0120522_23344779.shtml.

[6] 房寧，楊海蛟 . 中國政治發展報告 2013[M]. 北京：社會科學文獻出版社，2013.

[7] Luhmann，N.（1999）.Tillid—en mekanisme til reduktion af social kompleksitet[Trust：A mechanism to reduce social complexity].Copenhagen：Hans Reitzels.Originally published as Vertrauen.Ein mechanismus der reduktion sozialer komplexitat.Stuttgart：Ferdinand Enke，1968.Misztal，B.A.（1996）.Trust in modern societies.Cambridge：Polity Press.

第五章 加強制度創新，提升政府公信力

只有有效的制度才能促成並不斷促進政府公信，只有不斷提高政府的制度設計和執行能力、不斷進行制度創新，才能不斷提升政府公信力。

▌第一節 改革基本公共服務制度

一、實行基本公共服務質量標準化

（一）從利益相關者角度對政府公信關係的分析

根據 Luhmann 和 Misztal 的研究，對制度和體系的信任在現代社會變得愈加危險。Misztal 認為，兌現承諾和對制度執行能力的持續信任日顯重要。為了重拾或創造公信力，政府部門近些年加快了改革步伐，項目管理、結果導向的管理＂質量管理都可以看成是增強政府公信力的改革努力。Luhmann 指出，制度化的法律制裁、組織內的內部職業規則，或者控製程序使信任的產生或存在變得容易。[1]

根據理性選擇理論，人的行為主要是由自我利益所主導的。這是一種不信任的管理觀念。除非加強控制和訂立契約，自利行為不會增強信任關係。在這一理論假設下，引入控制和程序是負責任和透明的體現。質量體系是一種規制層級間和不同代理人之間邊界（垂直的和水平的）的工具，是在現代治理的公私關係之間、多層關係之間的一種信任創建因素。控制和規制是信任創建的過程：合約和體系能夠透過對控制和法律安排的信任而彌補信任的缺失或努力創建信任。標準化的程序體系和控制可以對核心的利益相關者以及垂直的和水平的關係產生積極影響，它迎合了組織內部的需求以及建立組織外部信任關係的需要。

（二）組織制度改革的利益相關者分析

組織進行管理制度改革，會涉及眾多不同的利益相關者。就政府組織而言，這些利益相關者包括很多群體構成，政治家、媒體、普通大眾、使用者或顧客、上級管理層、組織員工以及合作性的非政府組織。根據經典的利益相關者理論，組織代表著輪軸，各種利益相關者構成了輪子周圍的輪輻，管理者、僱員、顧客、所有人、供應者甚至社會都可以代表其中一個輪輻（如圖 5-1 所示）。利益相關者的關係可以分成兩種類別，組織間的和組織內的。管理者的利益與組織緊密相關，他們是核心決策的制定者，所以處於中樞地位。頂層管理者要處理不同利益相關者的挑戰。對於普通大眾和媒體來講，創造和維持良好的信譽是最重要的目標；對於一線員工來說，創造幸福的使用者是重要的，然而，對於公共服務機構的高層管理者來講，這似乎又是無足輕重的；對真正的使用者來講，好的服務和產品質量最重要；對政府執行機構和政治家而言，最重要的事情則是負責任和透明。利益相關者概念可以作為公眾與政府之間信任關係的分析工具，並對這種信任關係進行描繪。

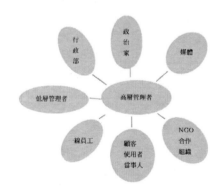

圖 5-1 組織的利益相關者示意圖

根據理性選擇理論，人的行為主要是由自我利益所主導的。這是一種不信任的管理觀念。除非加強控制和訂立契約，自利行為不會增強信任關係。在這一理論假設下，引入控制和程序是負責任和透明的體現。質量體系是一種規制層級間和不同代理人之間邊界（垂直的和水平的）的工具，是在現代治理的公私關係之間、多層關係之間的一種信任創建因素。控制和規制是信

任創建的過程：合約和體系能夠透過對控制和法律安排的信任而彌補信任的缺失或努力創建信任。標準化的程序體系和控制可以對核心的利益相關者以及垂直的和水平的關係產生積極影響。尤其從高層管理者的角度來講，它迎合了組織內部的需求以及建立組織外部信任關係的需要。因此，從高層管理者的角度講，公共服務質量標準化制度是增強公眾對政府組織信任的一項有效制度。

（三）不當的服務質量標準化制度會削弱組織內部信任

然而，任何制度的有效性都依賴於其科學地設計和有效地實施，如果設計不科學，執行不力，那麼就不會產生預想的良好效果，甚至還會造成負面效應。有證據表明，在很多公共服務領域，公共服務質量的標準化，很少對一線職業人員產生積極影響，並且會使組織內部的信任關係變得緊張。當服務質量在很大程度上取決於職業人員的自豪感和承諾時，這一點表現得尤為明顯，比如在教育、醫療、社會保障、環境保護等領域的服務就是這樣。因為標準化的程序和控制會限制較低層級提高質量的積極性，它所規定的耗時的形式會降低服務效率，抑制彈性和自由的決定，降低技術水平和競爭能力。

由於公共服務質量標準化制度是一種自上而下進行控制的管理制度，如果上層組織的管理者不瞭解基層一線職業人員是如何提供公共服務的真實操作情況，那麼在關於如何操作方面，中央管理層與基層一線員工就會存在認識差距或者分歧。這導致公共服務標準化制度經常會出現如下幾種問題：

（1）會造成工作任務的持續增加，直至工作任務量脫離實際；

（2）會出臺無用的或落後的規則和規制；

（3）因管理而導致的錯誤的優先權限；

（4）過於強調公共服務提供的費用和時間方面的限制。

從基層一線職業人員的專業角度來講，上層管理者有時將量化標準的達成視為「真正的」質量保證，而事實往往並不是這樣的。有的量化績效標準脫離了實際，並且對量化績效指標的測量方法也不能得到大家的一致認同。有時，量化的績效記錄並不能反映真實的提供公共服務的能力和質量。由於

受到服務質量標準化制度中關於費用和時間規定的限制，在實際提供公共服務的過程中，一線職業員工在初次向顧客（或大眾）提供公共服務時沒能向顧客提供從職業角度來看質量更高的公共服務，或者沒能與顧客進行充分的溝通，這就會導致在下次重複提供相同的公共服務時可能會花費更多的費用與時間，久而久之，這樣實際上造成了總體服務績效的下降。真正的公共服務質量績效是與職業水準和使用者的滿意度相關的，而不是上層管理者從書面的績效匯報中得到的量化數字。

（四）公共服務質量標準化制度設計與執行

鑒於公共服務質量標準化制度對增進政府公信的重要作用，以及在實際操作中容易出現的上述問題，我們在進行制度設計時必須加以審慎考慮和精心安排，以保障制度的有效性。

首先，制定科學合理的公共服務質量標準是制度設計的第一步。有制度制定權的上層管理者，要深入基層進行充分的調查和研究，與基層一線職業人員就公共服務提供的專業知識和真實情境進行充分的訊息溝通，共同探討和制定切實反映服務質量的關鍵指標體系。

其次，就服務標準體系的內容以及測量方式等在組織內部達成高度理解和共識。只有組織的各級管理者以及基層一線職業員工對服務指標體系有著充分的理解，並且大家一致贊同，服務標準才能被大家主動加以落實。只有透過科學合理的途徑和方式測量績效，才能得到真正反映實際服務能力和質量的有效數據，造成激發組織員工積極性、改善服務績效的作用。

再次，公共服務質量標準化制度的實施要由專門的有權威的組織來進行。對公共服務質量標準進行自上而下的控制，需要由上級主管組織統一進行，要保證制度在實施方面人、財、物、時等資源的充分供給和合理配置，要對相關績效數據進行收集、處理和分析，形成書面的績效報告，對績效進行持續的檢查和跟蹤，要將質量績效結果納入組織的決策程序，根據外在環境的變化和顧客的要求，進行質量標準的調整和改進等等。

最後，公共服務質量標準化制度不僅要在行政組織內部進行設計、運行和改進，它還要公開地展示給組織外的其他主要利益相關者，以此促進外部組織和公眾對政府提供公共服務活動的認知和理解，促進公眾對政府活動的監督和參與，從而為增進政府公信奠定基礎。

二、促進基本公共服務均等化

提高政府公信力，實行基本公共服務均等化制度迫在眉睫。中共中央和政府也認識到了推行這一制度的緊迫性。十七屆三中全會指出「城鄉基本公共服務均等化明顯推進」是 2020 年全面建設小康社會的基本目標之一。黨的十七屆五中全會進一步提出，「必須逐步完善符合國情、比較完整、覆蓋城鄉、可持續的基本公共服務體系，提高政府保障能力，推進基本公共服務均等化」。

基本公共服務均等化可以概括為政府為社會公眾提供最基本的、與經濟社會發展階段相適應、體現公平正義原則的大致均等的公共物品和服務。其內涵包括三個方面：全體公民享有服務的機會應該均等；享有服務的結果應該大體相等；全體公民擁有服務的自由選擇權。

基本公共服務均等化是分層次、分階段的動態過程，在每個階段，其具體重點、目標及表現有所不同。當前中國綜合國力不斷增強，社會發展穩定有序，政治體制改革和政府職能轉變為實行基本公共服務均等化制度提供了充分的條件。推行基本公共服務均等化，應首先將工作重點定位於實現區域公共服務均等化，同時加快城鄉公共服務均等化、兼及居民公共服務均等化。基本公共服務均等化要基於公平原則，使服務的提供向弱勢群體和困難群體傾斜。要沿著工業反哺農業、城市帶動農村，促進城鄉經濟社會發展一體化的統籌發展的道路，在以人為本的全面、協調、可持續發展的「科學發展觀」的指引下進行。

實行基本公共服務的均等化制度，要將人民享有基本公共服務的改善程度作為地方政績考核的主要標準，徹底改變以 GDP 論成敗的政績觀。要改變政府支出結構，縮減政府行政支出規模，加大對基本公共服務的支出水平。

對基本公共服務資金進行嚴格管理，加強審計工作，保證專款專用和有效使用，以法定形式確立基本公共服務的資金的規模和來源渠道，優化基本公共服務資金的支出結構，向農村地區及公共教育領域、醫療衛生領域和養老保障領域傾斜。要切實改變經濟增長方式，以擴大內需和人們消費來拉動經濟增長，走一條著眼於長遠發展的健康可持續的經濟發展道路。

註釋

[1] BobBarnetson，MarcCutright.Performanceindicatorsasconceptualtechnologies. HigherEduca-tion，2000，40：277-292.

第二節 改善政府績效管理制度

一、政府績效管理制度以改善行政結果為導向

政府績效管理是一種支持以結果為導向的管理方法的工具。績效管理制度包括定義、衡量和運用政府績效指標，對政府績效進行評估，並依評估績效結果調整政府預算、工作項目、人員待遇以及管理過程等一系列政策安排。政府績效管理制度可以覆蓋政府的各種管理功能，這些管理功能包括監測和報告、策略規劃、預算和財政管理、工作項目管理和評價、質量改進、過程改進、外部標竿管理、公眾交流與溝通等。政府績效管理可以強化政府對公眾的責任，因為它不僅可以為政府部門內部預算制定、資源的調整和重新配置、人事考核及晉升等提供重要依據，透過政府內部上級對下級的績效管理改善政府部門的內部管理；它還可以對外公開評估過程和績效報告，透過公眾、媒體或民間組織的外部監督來促進政府改進政策制定和執行，提高工作績效。

二、改善政府績效管理制度的對策

第一，在評估主體方面，依據績效評估內容、程序、方式和部門職能的不同，明確界定和劃分不同績效評估主體之間的權力界限。將財政評估、公務員的人事績效評估、黨內廉政工作評估等分別劃入不同機構加以集中管理，設立中央一級的專門績效評估機構統領中央和地方的績效評估工作。除進行

層級控制的主體外，可設立高層直管部門，以增強績效問責的權威性。例如可借鑑美國聯邦檢察官制度，向政府各部門派駐獨立的檢察官，對各部門的績效進行評估，並將評估結果直接上報；透過檢察官定期培訓、定期輪換等機制確保權力受到有效制約，防止腐敗。建立不同績效評估主體間的訊息溝通與協調機制，增強訊息共享程度和程序上的一致性。如可以透過構建統一的訊息網絡平臺，設立例行協商會議，聯合制定評估規則和績效指標等來實現。設立專門的公民滿意度評估機構，充分重視公民對政府的績效評價。

第二，在績效指標的設立方面，要儘量保證指標的全面性、科學性和繫統性。Bob Barnetson 和 Marc Cutright 認為績效指標並不是純粹的評估績效的技術手段，而是一種概念技術，因為它的選取和建構過程融進了某些規範性假設。例如，一項指標是否被納入指標體系還是被排除，其本身就決定了什麼是重要的，什麼是不重要的。績效指標塑造著管理者考慮什麼問題以及如何考慮這些問題，最終決定著所要產生的一系列特定結果。！因此，績效指標體系要能夠全面地反映特定行政組織及其成員的工作職能和工作成果。要強化行政組織對公眾的責任，將公眾滿意度、事故發生率、行政成本等凸顯本質特性、結果特性的指標納入指標體系。績效標準要適度，不能太低，如果很容易達到，則起不到激勵作用；也不能太高，太高則要麼容易導致集體對抗，大家都不達標；要麼會鼓勵「為達目標不擇手段」的短視行為，使績效評估誤入歧途。除量化指標外，增加定性指標。過多的量化指標會誤導行政組織的行為，鼓勵只重形式不重實質的虛假浮誇作風，違背行政初衷。指標體系內部要協調，針對不同組織在職能和工作優先性的不同，對相關指標賦予不同權重。對那些職業性強、任務較為複雜的組織，如教育、食品藥品安全、環境保護等監管機構，要充分考慮監管政策實施中需要的職業知識和實際情況，避免績效標準脫離實際或抑制一線職業人員工作的積極性。

第三，從績效結果的運用方面看，要使績效結果切實成為政府制定和調整政策的重要參考依據，進一步將績效評估與政府預算掛鉤，以績效為核心確定資金的投向和數量，將績效評估結果作為下一年預算編制、項目安排的重要依據；促進績效評估與人事管理的結合，把公務員的僱用、晉升、薪資與其績效直接聯繫起來；要使績效評估結果成為組織進一步優化的依據。

　　第四，從績效評估的過程來看，首先要透明。明確行政組織自我評估的內容、方式以及關於績效評估訊息來源的說明，重點考察績效訊息的真實性和可靠性；增加行政繫統外的評估和問責主體，並為之提供聽證、信訪、媒體報導、網上問詢等多種公開渠道；優化指標的選取和構成，增加其客觀性、全面性、公平性。其次，要增加對公眾的回應性。在評估指標的設計、測量和結果運用上要充分回應對公眾的需要和訴求，提高公眾的滿意度。最後要健全績效評估的法律。以法律形式明確評估主體的權力範圍、績效指標的選取、構建和評估、結果運用等一系列內容；構建統一的法律體系；增強法律的繫統性、權威性和可操作性。

第三節 完善行政問責制度

　　行政問責是指立法機關、司法機關"行政機關、社會組織及公眾等依法對行政組織及其成員的活動進行監督，要求就其活動以及如何履行各種責任進行披露、解釋和證明正當，並對失責行為進行懲罰的活動。

一、行政問責制度應具備的基本要素

　　規範意義上講，一套完善有效的行政問責制度，應該包括以下四個因素：

　　第一，問責主體，即誰來問。行政問責主體是進行責任判定和追究的組織或個人。問責主體可以是行政組織的上級、平級或下級，也可以是立法、司法部門，還可以是社會組織、媒體乃至個人。

　　第二，責任內容，即問什麼。依據涉及的領域，行政組織及其成員的責任可以分為五類：

　　（1）法律責任，要求其活動要公平、合理、合乎法律規定。行政法規往往會不顧公共利益而偏向少數利益集團，往往會不顧常識而變得死闆僵化，也往往會不顧現有法律規定而只服從於個別領導的意志，法律問責在很大程度上是為了避免上述現象。

（2）行政等級責任（也稱管理責任），是指因上級權力授予而承擔的管理責任，主要是對履職情況、失職、瀆職、腐敗等進行監控，形式包括審核其執法活動、對組織成員考評定級、人事任用和晉升等。

（3）職業責任，基於職業上特殊的技術要求而承擔的責任，主要關注職業技術上的可行性和正確性。

（4）財政責任，使用財政資金要廉潔、高效，一般透過預算控制和財務審計進行。也有學者將其歸為行政等級責任。

（5）政治責任，要求忠誠於執政黨的宗旨、路線、方針、政策，為民服務。一般透過執政黨內控制、官員審查，以及其他利益團體、媒體和公民的外部監督等進行。

第三，問責機制，即如何問。問責機制包括外在控制和內在控制兩種。依據庫珀的看法，外在控制是來自組織及其成員自身之外的控制因素，包括制定立法、規則、制度，以及改革組織結構、建立新的組織等，它假設負責任的行為是在建立限制、要求、界限、標準和制裁中獲得的；內在控制由一系列組織成員自己內心的價值觀和倫理準則組成，在缺乏規則和監督機制的情況下，鼓勵從事合乎道德規範的行為，相信負責任的行為可以透過勸說、教育和感化達成。

第四，有效問責的標準。

有效的問責至少要符合四個標準：責任動力，充足的動力能夠使問責機制順利開啟和有效運轉；責任要透明，問責過程與結果公開，並且社會組織和公民參與要廣泛有序；問責要具有回應性，要能夠及時回答和響應問責主體的訴求，包括態度、決策、行為方式的調整和因失責行為受到懲罰；問責的法定性，問責制度要以法律形式固定下來，問責主體、內容、程序、方式、後果等以法律的形式做出全面、明確、詳細、一致的規定，以減少隨意性，增加穩定性，節約成本，捍衛權威。

二、問責是一個完整的過程

　　行政責任是貫穿於所有的政府治理活動中的，只要有政府行使權力的地方，就要有政府承擔相應的責任。完善行政責任制度的根本目的並不在於對負責民生建設的相關政府組織和部門及其領導進行懲罰，而在於透過責任制度建設來增強政府的責任意識，更好地落實責任，更好地服務於民。

　　從問責過程來講，行政問責制度應該包括訊息公開、行政監督、行政制裁三個過程，所以應該包括與此過程相對應的三個子制度體系。問責與透明的關係。兩會報告中指出，實施全面規範、公開透明的預算制度。著力把所有政府性收入納入預算，實行全口徑預算管理。各級政府預算和決算都要向社會公開，部門預算要逐步公開到基本支出和項目支出，所有財政撥款的「三公」經費都要公開，打造陽光財政，讓群眾看明白、能監督。各級政府要自覺接受同級人大及其常委會的監督，接受人民政協的民主監督，認真聽取人大代表、民主黨派、工商聯、無黨派人士和各人民團體的意見。加大政務公開，完善新聞發言人制度，及時回應社會關切。我們是人民政府，所有工作都要充分體現人民意願，全面接受人民監督。啟動公務用車制度改革。加強行政監察，糾正行業不正之風。加大審計和審計結果公告力度。今年要對土地出讓金收支和耕地保護情況進行全面審計。深入推進反腐倡廉制度建設，堅決查處腐敗案件，對任何腐敗分子都要依法嚴懲、絕不姑息。

三、問責制度要以績效為導向

　　傳統模式下官僚制組織的責任通常僅僅意味著公務員向選舉產生的政治領導負責，而政治領導被假定為透過控制那些他們負有責任的政府組織而向外界或公眾負責。然而，透過許多國家的行政管理實踐證明，這種傳統的官僚制責任機制實際上並不如同人們想像的那樣切實有效。政府公務員的辦事拖沓、失職、瀆職行為屢見不鮮，令政府公信力面臨危機。為了使政府更好地負起責任，很多國家進行了管理制度改革，其中新公共管理運動就是一種主要的改革潮流，它所倡導的新的責任機製為眾多國家的政府所贊同和採納。

新公共管理改革所提倡的責任機制突出了責任的績效導向。公務員作為公共管理者要切實對自己的行為結果負起個人責任，而不是像傳統官僚制下那樣僅僅遵守組織的規章和程序。這種責任要重視作為顧客的大眾的反應和需求，要關注成本投入和有效地利用有限資源。「管理主義的責任機制並非僅僅授予管理者任務，此外還需要包括對任務的統一規定、績效標準、資源的適當組織與控制、監督與報告體系、激勵與懲罰。」[1]新公共管理的行政問責制度，主要依賴於對政府組織及其成員的績效評估結果，對責任的控制更多地以政府領導與下屬簽訂績效合約的方式來實現。總之，績效導向的問責制度現在已經成為問責制度建設的重要發展趨勢。

四、問責機制要強化「外部問責」

中國對行政權力的監督機構很多，但監督機構多並不意味著能有效地監督和問責。難以遏制的權力腐敗現象及其蔓延、太多的豆腐渣工程、許多領導幹部不講政治紀律和政治規矩甚至以權代法、以言代法，等等，皆證明中國的行政問責存在機制性的不足。健全中國的行政問責制已不能僅僅靠行政權力內部、上下層級之間的問責，更得要走平衡權力之間的制約或問責之路。內部問責是必要的，同時也要有強而有力的外部問責，這樣的問責機制才是健全的。所以要把行政問責制度的改革置於整個政治改革的大框架中，從侷限於內部控制的問責思路中走出來，建立外部問責機制。

從權力的本性來說，權力與權力之間是一種相互征服的關係，常常是「大魚吃小魚」。小的權力不可能監督大的權力，而只能被大的權力「收編」而成為同一種權力。所以權力之間不能實現對等牽制，就不可能實現有效的監督和問責。

如果要問責行政權力，就不可讓行政官員充斥於立法機關。因為行政官員們沒有動力制定有效地監督自己的法律，也沒有問責於自己的內在動力。如果同一批人同時擁有制定法律和執行法律的權力，就會給人類的弱點以極大的誘惑，促使他們攫取權力，制定和執行法律時只考慮自己的私利，還使自己不受法律的限制。司法權力應當成為行政權力的有效制約者，應當有一定的獨立性。行政權力若能幹涉司法權力的獨立行使，則必能使司法權力成

為行政權力的附庸，非但司法公正成為空談，行政問責制度也必成為橡皮圖章。

康德說，共和政體要以分權為基礎而由法律來統治。實際上，分權的本質正是對一切權力的外部問責。當下中國中紀委的巡視制度，對官員的腐敗有巨大的震懾作用。這種制度實際上是一種外部控制。巡視制度的有效性尚待實踐的進一步檢驗。在中國，要健全行政問責制度，任務還相當艱巨。

註釋

[1] [澳] 歐文 .E. 休斯 . 公共管理導論 [M]. 北京：中國人民大學出版社，2001.P277.

第四節 健全民主參與制度

一、民主參與與政府公信力的制度模型

民主參與制度代表著政府的權力分享能力，這種制度促進了政治整合，促進平等權利，將公眾納入決策制定過程，而不是排斥在政治體系之外。民主制度創設了更強大的和更可靠的法律體系，這種法律體系不僅增強了法律的禁止效力，而且強化了透明和公平的制度設計觀念。

XiaoHu Wang 和 Montgomery Wan Wart 研究了行政活動中的公共參與和政府公信力的關係，認為公共參與和促進政府公信力之間的關係是複雜的，它建立在一系列假設的基礎之上。並不是所有的參與因素都會同等地推進公信力的建立，有時可能完全無益。對這一問題的研究首先要放在民主理論的背景之下，然後再做更進一步的探究。政府公信力是對參與政府政策及其運轉的一種期望性的結果。當然，公共參與並不只產生政府公信力這一個結果，它還會增強合法性、提高決策制定和改變政治權力模式。公共參與能夠產生上述這些積極後果，依賴於兩個基本假設。

第一，公共參與本身是有效的，而不是胡亂參與。胡亂的公共參與會導致騷亂、失敗或不良政策。

　　第二個假設是，公共參與的引入是誠心誠意的，不能流於形式或被蓄意操縱，成為政府或官員達成特殊政治目的或逃避責任的工具或藉口。

　　公共參與包括政治參與和行政參與兩種類型。兩種參與和信任的關係可能是不同的。除了個人因素影響公民參與的慾望和信任趨勢外，參與制度安排也影響參與和信任。基層的參與經常透過公眾直接參與決策制定來實現，而在省級和中央層級，參與經常透過政治代表制來實現，所以對不同層級的政府可能存在不同程度的信任。

　　政府公信意味著公眾相信政府做應該做的事。一方面，政府必須要為公共利益服務，行政參與透過影響行政過程來促進公共利益的實現。這些具體的行政過程是問責、建立共識和道德行為。問責涉及進人行政程序的途徑，如公開聽證、公民顧問委員會、公民利益團體等。建立共識涉及目標設定、服務優先權以及服務績效等方面。道德行為反映了強調維持高度廉潔。這些往往要靠培訓、角色塑造和行政標準來實現。另一方面，政府在履行其法定職能（角色）方面必須是可靠的和一致的。透過行政參與可以提高政府實現其職能能力，即行政能力。政府的行政職能包括兩方面，一是公共服務能力，主要表現為滿足公共需要和提高消費者的滿意度；二是管理能力或管制能力，這包括政府內部管制和外部管制兩個部分，關於內部管制，表現為人事管理、財政預算、審計等；外部管制則體現為對環境、就業、醫療、教育等領域的管制。

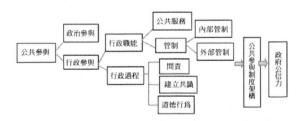

圖 5-2 公共參與和政府公信力的制度模型

　　總的來講，公共參與和政府公信力之間的聯繫主要透過政治參與和行政參與兩種參與類型來實現，對應於不同的參與類型，存在不同的參與目的、

渠道、方式，並且它們對政府公信力的建立有著不同的作用程度和機制（圖5-2 公共參與和政府公信力的制度模型）。

但不管怎樣，歸根結底，這些都主要透過公共參與制度來實現，公共參與制度設計與執行情況直接影響著政府公信力的形成和維繫。要增強政府公信力，就得從建立和優化公共參與制度入手。不僅要在促進政府提高行政能力，實現價值等方面發揮有效作用，而且要在具體的行政活動和過程中發揮實際作用，這些都要透過有效的參與制度來實現，從而在此基礎上增進政府公信力。

研究表明，公共參與對政府公信度的影響，主要透過兩種主要的行政行為來進行。首先，當參與產生了公眾想要的高品質服務時，會提高政府公信力。第二是參與增強了政府的廉政行為時，也會促進政府公信度的提高。這表明，公共參與必須是結果導向的，只有實現了這兩種結果，參與才稱得上是有效的，而結果的實現靠制度化。廉政能力的提高可以透過制定道德行為準則、廉政教育制度等實現。

二、民主參與制度的改進策略

改進民主參與制度，要從改進政治參與和行政參與兩個方面入手。在選舉制度上，要擴大公民直選的範圍，進一步推廣公民直接選舉鄉鎮一級基層幹部試點工作，擴大人民代表監督政府的權力；進一步規範選舉流程，優化選舉規則（例如實現城鄉同票同權，領導幹部公開個人財產等訊息）；加強村民民主自治、居委會的選舉以及企事業單位的選舉等基層民主制度建設。在民主監督制度方面，要拓寬公民監督的渠道，充分利用公開聽證、公民顧問委員會、網絡舉報、信訪等機制。要進一步完善人民代表和人民代表大會制度，努力推行人民代表常任制，發揮人民代表對政府日常行政事務的監督力量和作用；賦予人民代表大會更加切實的立法權、法律審查權、預算審議權以及行政部門的行政活動報告制度等。要建立各種利益調處機制，努力在公共政策的目標、途徑、績效評估等方面達成共識；充分調動市場和民間力量，共同參與政策的制定與執行。

結論

　　制度本身所蘊含的正當邏輯使得制度在政府公信力的產生、維繫與消長中起著基礎性的作用。行政價值、行政過程和行政結果是政府公信力的三種主要來源，而這三種來源與行政制度的屬性、制度架構和制度績效緊密相關，在政府公信力和制度之間存在特定的關係模型。制度屬性上，制度的公平性、效率、透明性、民主性直接影響政府公信力。制度架構上，行政問責制度、績效管理制度、基本公共服務制度、民主參與制度等規範著政府的具體行政過程，並體現制度屬性，從而也影響政府公信力的建立與維繫。制度績效的達成不僅依賴於具有良好屬性的具體制度設計，還要能夠被有效實行，即制度要有執行力。制度屬性、制度架構設計、制度績效不是割裂的，它們共同構成制度的三個維度，共同作用於政府公信力的三個來源。人們對政府角色和職能的期望與政府扮演角色和行使職能的實際狀況之間的落差，直接決定著政府公信水平；制度界定和塑造著政府角色和職能，政府角色和職能的轉型依賴於制度變遷或制度創新。根據政府公信力與制度之間的關係模型，可以構建從制度角度評估政府公信力的初步標準體系。中國政府公信力的水平總體上不容樂觀。要提升政府公信力，關鍵是要進行成功的制度變遷或制度創新。我們要進一步加強行政問責制度、績效管理制度、基本公共服務制度、民主參與制度等的建設：進行科學的結構設計，更加凸顯民主特徵及強化外部控制，使其更具公平性、更具效率、更加透明，以增強公眾對政府活動的滿意度，提升政府公信力。

參考文獻

[1]Bo Rothstein and Dietlind Stolle.The State and Social Capital：An Institutional Theory of Generalized Trust.Comparative Politics，2008，40（4）：441-459.

[2]Daniel Kaufmann，Aart Kraay，and Massimo Mastrnzzi.Gfernancc Matters　Ⅲ：Gfernance Indicators for 1996 - 2002.World Bank Policy Research Working Paper No.3106（June 30，2003）.

[3]James S.Coleman.Foundations of Social Theory.Cambridge，Mass.：The Belknap Press of Harvard University Press，1990.

[4]B.G.Peters.Institutional Theory in Political Science：The New Institutionalism.London and New York：Pinter，1999.

[5] James G. March and Johan P. Olsen. The New Institutionalism：Organizational Factors in Political Life. American Political Science Review，1984，78（3）：744 -747.

[6]Mary C. Brinton and Victor Nee（eds.）The New Institutionalism ii Sociology. New York：Russell Sage Foundation，1998.

[7]Bouckaert，G.，Van de Walle，S.，Kampen，J. K. Potential for comparative public opinion research ii public administration. Int. Rev. Adm. Sci. 2005（71）：229 - 240.

[8]Marozzi，M . Composite indicators：a sectorial perspective. In：Perna，C.，Sibillo，M.（eds.）Mathematical and Statistical Methods for Actuarial Sciences and Finance，Springer，2012：287 - 294. [9] OECD. Handboco oo Constructing Composite Indicators. OECD，Paris2008

[10]OECD. Citizens as Partners：OECD Handbook of Information，Consultatioo and Public Participation in Policy Making. OECD，Paris 2011.

[11]Rolef，S. H. Public trust in parliament：a comparative study. The Knesset Information Division，Jerusalem2006

[12]Stevenson，B.，Wolfers，J. Trust tn Public Institutiof oer the Business Cycle. Working Paper，Federal Reserve Bank of San Francisco，San Francisco，2011（11）

[13]Wallace，C.，Latcheva，R. Economic transformation outside the law：corruption，trust in public institutions and the informal economy in trcrnsition countries of Central and Eastern Europe. Eur. Asia Stud. 2006（58））81 - 102 .

[14]Marozzi，M . Construction，difension reduction and uncertainty analysis of an index of trust in public institutions. Springer Science Z Business Media Dordrecht 2012.

[15]Christian Bj0rnskov. Determinants so Generalized Trust： A Cross - Conntrr Comparison .Public Choice，2007（130））1 -21.

[16]Putnam，R. Making democracy work：Civic traditions in modern Italy. Princeton，NJ：Princeton University Press，1993.

[17] Blaine G . Robbins. Institutional Qualiy and Generalized Trust）A Nonrecursive Causal Model. Published online，Springer Science + Busines Media B. V. 2011.

[18] Bj0rnskov，C. . How does social trust lead t better goernance？An attempt to seecarate electoral and bureaucratic mechanisms. Public Choice，2010（144））323 - 346.

[19]Boix，C. ，& Posner，D . N. Social capital）Explaining its origiv and effects so goernment performance. British Journal of Political Science，1998（4）：686 - 693.

[20]Cook，K. S. ，Hardin，R. ，& Levi，M . Cooperation without trustt. New York：Russell Sage Foundation. 2005.

[21]Farrell，H. ，& Knight，J. Trust，institutions，and institutional change：Industrial districts and the social capital hypothesis. Politics and Society，2003（31）：537 - 566.

[22] Freitag，M. ，& Blihlmann，M. Crafting trust. The eole opolitical institutions in a comparative perssective. Comparative Political Studies，2009（12）：1537 - 1566.

[23] Freitag，M. ，& Traunmuller，R . Spheres so trust：An empirical analysis of the foundations op particularized and generalized trust. European Journal of Political Research，2009（48）：782 - 803.

[24] Glaeser，E . L . ，Laibson，D . L . ，Scheinkman，J . A . ，& Soutter，C. L. Measuring trust. The Quarterly Journal of Economics，2000（115）：811 - 847.

[25] Herreros，F. ，& Criado，H. The state and the development of social trust. International Political Science Review，2008（29）：53 - 71.

[26]Knack，S. Social capital and t he qualityof goernment：Evidence from the states. American Journal of Political Science，2002（46）：772 - 785.

[27]Knack，S. ，& Keefer，P. Does social capital have an economic payoff f A cross -country investigation . Quarterly Journal of Economics，1997（112）：1251 - 1288.

[28] Levi，M. A state op trust. In V. Braithwaite & M. Levi（Eds.），Trust and governance. NewYork：Russell Sage Foundation. 1998.

[29]Robbins，B. Neither government nor community alone：A test of state - centered models of generalized trust . Rationality and Society（forthcoming），2011.

[30]Rothstein，B.，& Stolle，D. Social capital，impartialityand the welfar state： An institutional approach. In M. Hooghe & D. Stolle （Eds.），Generating social capital. New-York，NY： Palgrave，2003.

[31] Rothstein，B.，& Stolle，D. Hop political institutions create and destroy social capital： An institutional theory op generalized trust. Comparative Politics，2008，40 （4），441 - 459.

[32] Rothstein，B.，& Uslaner，E. M . AH for all： Equality，corruption， and social trust. World Politics，2005 （58）： 41 - 72.

[33] Sturgis，P.，& Smith，P . Assessing the validity of generalized trust questions： What kind of trust are we measuring f International Journal of Public Opinion Research，2010 （22）： 74 - 92.

[34]Uslaner，E. M. The moral foundations of trust. Cambridge： Cambridge University Press，2002.

[35]Tsai，M. - C.，Laczko，L.，& Bjornskov，C. Social diversity，institutions and trust： A cross - national analysis. Social Indicators Research，2011 （101）： 305 - 322.

[36] Sean Richey. Manufacturing Trust： Communitt Currencies and the Creation op Social Capital. Political Behavior，2007 （29），69 -88 .

[37] Uslaner，E. M . Trust，de^rnofacy and goernance： can goernment policies influence generalized trustf. In M . Hooghe，& D . Stolle （Eds .），Generating social capital： Civil society and institutions in comparative perspective （pp. 171 - 190）. New York： Palgrave，2003.

[38] Marc J. Hetherington and Thomas J. Rudolph. Priming， Performancc， and the Dynamics op Political Trust. The Journal of Politics，2008，70 （2）） 498 -512.

[39]Xiao Hu Wang and Montgomery Wan Wart. Whee Public Participation iv Administration Leads to Trust： An Empirical Assessment op Managers' Perceptions. Public Administration Review，2007，67 （2）： 265 -278.

[40]Carnevale，David. Trustworthy Gfernment： Leadershiv and Manageeent Strategies for Building Trust and High Performancc. San Francisco： Jossey - Bass，1995.

[41]Halvorsen，Kathleen. Assessing the effects sp Public ParticipatioTi. Public Administration Review ，2003，63 （5）： 535 -43.

[42]Thomas，Craig W. Maintaining and Restoring Public Trust tn Goernment Agencies and Their Employees. Administration& Society 1998，30 （2）： 166 -94.

[43] Henry D. Kass. The Logics sp Trust： The Foundational Role epInstitutions in Building Social Trust. Administrative Theory & Praxis，1996，18 （2）： 57 -73.

[44]Charles Tilly. Trust and rule. Theory and Society，2004（33）：1 -30.

[45]Rorbert B. Denhardt. Trust as Capacity：The Role qp Integrity and Responsiveness. Public Organization Review：A Global Journal，2002（2）：65 - 76.

[46] 安東尼 . 吉登斯 . 社會理論與現代社會學 [M]. 北京：社會科學文獻出版社，2003.

[47][美] 馬克 .E. 沃倫 . 民主與信任 [M]. 北京：華夏出版社，2004

[48] 理查德 . 斯科特 . 制度與組織 [M]. 北京：中國人民大學出版社，2010.

[美] 羅伯特 .D. 帕特南 . 使民主運轉起來 [M]. 王列，賴海榕譯 . 俞可平主編 . 南昌：江西人民出版社，2001，9.

[49] 楊暢 . 績效提升視角的當代中國政府公信力評估實施方略 [J]. 湖南師範大學社會科學學報，2011（3）.

[50] 向永紅，吳迪 . 制度創新：提高政府公信力的動力——從新制度主義的視角出發。經濟研究導刊，2009（4）。

[51] 鄒東昇 . 地方政府行政誠信檢視：傳統、失範與重構 [J]. 江西社會科學，2005（8）.

[52] 張旭霞 . 試論政府公信力的提升途徑 [J]. 南京社會科學，2006（7）.

[53] 何顯明 . 地方政府公信力與政府運作成本相關性的制度分析 [J]. 國家行政學院學報 .2002，專刊 .

[54] 盧漢橋 . 提升政府公信力建設公信政府 [J]. 湖南行政學院學報，2004(4).

[55] 劉達禹 . 構建責任政府視角下提高政府公信力研究 [J]. 學術交流，2007（9）.

[56] 王茜 . 理念、制度、行為——政府公信力的三要素 [J]. 山西師範大學學報（社會科學版）研究生論文專刊 .2007（6）.

[57] 張俊東 . 地方政府公信力評估問題研究 [D]. 華中科技大學 .

[58] 薄貴利 . 十大因素影響政府公信力 [N]. 人民日報，2008-11-5.

[59] 薄貴利 . 論提高政府的公信力和執行力 . 武漢科技大學學報（社會科學版）2010（5）.

[60] 唐鐵漢 . 提高政府公信力建設信用政府 [J]. 中國行政管理，2005（3）.

[61] 舒小慶 . 政府公信力：價值、指標體系及其實現途徑——兼論中國誠信政府建設 . 南昌大學學報（人文社會科學版），2008（11）.

[62] 陳潮升等 . 政府信用的評價標準、現狀及對策探析 [J]. 四川行政學院學報，2006（1）.

[63] 王策 . 誠信政府建構論 [J]. 社會科學輯刊，2005（6）.

[64] 武曉峰 . 近年來政府公信力研究綜述 [J]. 中國行政管理，2008（5）.

[65] 李硯忠 . 政府信任：一個值得關注的政治學問題 [J]. 中國黨政幹部論壇，2007（4）.

[66] 程倩 . 後實證主義的政府信任關係研究 [J]. 江蘇行政學院學報，2011（1）.

[67] 呂維霞，王永貴 . 基於公眾感知的政府公信力影響因素分析 [J]. 華中師範大學學報（人文社會科學版），2010（7）.

[68] 劉雪華 . 中國政府公信力提升問題探析——以政府職能轉變為視角 [J]. 理論學刊，2011（9）.

[69] 沃爾特 .W. 鮑威爾，保羅 .J. 迪馬吉奧 . 組織分析的新制度主義 [M]. 上海：上海人民出版社，2008.

國家圖書館出版品預行編目（CIP）資料

從制度看中國政府公信力：邏輯、評價與提升 / 檀秀俠 編著 .-- 第一版 .
-- 臺北市：崧燁文化，2019.10
　　面；　　公分
POD 版

ISBN 978-986-516-068-5(平裝)

1. 中國大陸研究 2. 中國政治制度

574.1　　　　　　　　　　　　　　　　　108016867

書　　名：從制度看中國政府公信力：邏輯、評價與提升
作　　者：檀秀俠 編著
發 行 人：黃振庭
出 版 者：崧燁文化事業有限公司
發 行 者：崧燁文化事業有限公司
E - m a i l：sonbookservice@gmail.com
粉絲頁：　　　　　　網址：
地　　址：台北市中正區重慶南路一段六十一號八樓 815 室
8F.-815, No.61, Sec. 1, Chongqing S. Rd., Zhongzheng
Dist., Taipei City 100, Taiwan (R.O.C.)
電　　話：(02)2370-3310 傳　真：(02) 2388-1990
總 經 銷：紅螞蟻圖書有限公司
地　　址: 台北市內湖區舊宗路二段 121 巷 19 號
電　　話:02-2795-3656 傳真:02-2795-4100　　網址：
印　　刷：京峯彩色印刷有限公司（京峰數位）

定　　價：250 元
發行日期：2019 年 10 月第一版
◎ 本書以 POD 印製發行